穿越中國五千年 ⑤

兩晉南北朝

歪歪兔童書館　著繪

中華教育

前言
讓歷史更鮮活、更可愛一些

張永江

本書審訂人

（國家清史編纂委員會專家，中國人民大學歷史學院教授、博導）

　　作為一個大半生從事歷史研究、歷史教育的專業人員，數十年來，有兩大問題始終縈繞在我心懷：許多人為之竭盡心力的史學有何價值？怎樣才能把紛繁複雜的歷史知識有效傳達給社會公眾，並成為大眾知識的一部分？這也可以說是歷史學者的「終極之問」吧。

　　所謂歷史，就是已經逝去的過往一切。沒有文字之前，人類記憶的保存和傳遞基本上只能依靠口耳相傳。那時，構成歷史的記憶，多半是家族、部落的先輩的經歷、經驗和教訓。有了文字，就有了儲存、傳承歷史記憶的「利器」。歷史記憶，對於家族、部落乃至民族和國家都極為重要，是凝聚認同感的主要依託。對於個人，歷史也同樣重要，往往表現為潛意識下的集體認同情感和外在的生命智慧，滋養豐富着個體的精神世界。毫不誇張地說，古往今來，凡是卓然超羣的偉大民族和深謀遠慮的傑出人物，無一不吸收並受益於豐厚的歷史經驗的滋養。

　　在古典時代，華夏中國數千年的文明綿續不斷，累積了獨一無二的

豐厚的歷史記錄，皇皇巨著「二十四史」就是中國作為史學大國的明證。我們不光擁有三千年連續不斷的歷史記載，擁有浩如煙海的史學著述，還形成了堪稱發達的史學文化。「以史為鑒」、「秉筆直書」等等，都是中華民族史學之樹長青的精神養料。當然，中國史學發展到近代，也存在着一個重大缺陷，就是百多年前梁啟超指出的傳統史學缺乏「國民性」，都是以帝王將相為中心的歷史。為此，他呼籲「史學革命」，為創建「新史學」不遺餘力。實際上，舊史學除了記錄內容有「帝王中心」的問題外，還存在「形式」過於「莊嚴」，脫離廣大民眾、高高在上的問題。

近代以來，隨着近代化浪潮的影響，中國的文化轉型為各領域帶來了變化。史學也開始由統治階級主要用於「資治」的「高大上」功能而定位於「廟堂」之上，逐漸放低「姿態」，全面容納社會生活；體裁上以西方史學為藍本的章節體史書，搭配淺顯易懂的白話文敍述，使社會公眾對史學有了更多的親切感。關心史學的人士也由過去狹窄的士大夫精英階層擴大到一般的知識界，並經由中學教科書體系連接到未成年人世界。這種改變當然是可貴的，但還遠遠不夠。歷史的普及教育仍然有一個門檻，那就是必須具備了中學以上學歷或識字水平才能進入歷史世界。這看似不算高的門檻，事實上將億萬兒童擋在了歷史殿堂之外。

現在面臨的一個重要的問題是，如何讓靜態的歷史鮮活起來，化繁為簡，讓「莊嚴可敬」的歷史更接地氣，趣味橫生？

前人已經付出了很多努力來探索這種可能性。早在清代，就已出現了通俗性的歷史讀本《綱鑒易知錄》。學富五車的梁啟超、胡適都是通

過這部書來啟蒙史學的。歷代都有人通過小說、戲曲、詩詞等藝術形式表現歷史，影響較大的如《三國演義》、《說唐傳》。近數十年，由專業學者編寫的普及性的歷史讀物覆蓋了歷史上的重大事件、人物傳記，人們創作了大量的連環畫來展現歷史，歷史題材的小說如《少年天子》、《雍正皇帝》，影視中的清宮戲，電視節目中的《百家講壇》等，更是令人目不暇接。但是，藝術表現的歷史，並非都是真實的歷史，歪曲、誇大、臆造、戲說的「歷史」所在多有。新形式不僅沒有幫助兒童獲取正確的歷史知識，兒童讀者反而因為缺乏鑒別能力而有可能被誤導。系統地、準確地、正確地向廣大社會公眾傳達真實的歷史知識，仍有待專業的歷史研究者努力。

史學知識普及的難點在於，難以兼顧通俗性與嚴肅性。通俗性要求讀者喜聞樂見，情節生動有趣。但傳統史學本身關注的內容毫無趣味，研究更需要嚴謹細緻，過程枯燥乏味。於是就出現了兩個極端：專業研究者謹慎嚴格，研究結果只在「圈內人」中傳播；社會公眾中的史學愛好者興趣盎然，對資料卻真偽不辨，良莠不分，傳播的只能是戲說的「歷史」。歷史產品的「出品方」雅俗分離，兩者漸行漸遠，普羅大眾更多接受的是後者。

可喜的是，近年來這種困境有了新的突破，就是專業史學研究者與業餘歷史愛好者雙方在編輯、出版者的撮合下走到一起，分工合作，面向廣大兒童、青少年推出了新型故事。首先試水的是「漫畫體」的歷史故事，以對話方式推進故事，受到學齡前後兒童和家長的喜愛，在市場上大獲成功。新文本雖然形式活潑，但內容也經專家審定，並無虛構。

歪歪兔的這套《穿越中國五千年》，可以看作是「漫畫體」的升級版，面向的是中小學階段的讀者。全書分十冊，涵蓋了從遠古到清代的漫長時期，按階段劃分成卷，完全符合歷史發展順序，可以視作「故事體」的「少年版中國通史」。敘事上，避免了以往歷史讀物常見的簡化版枯燥的「宏大敘事」問題，而是每冊選取三十個左右的歷史故事，通俗形象地展示這一時期的歷史概貌。

作為本書的審訂人，我認為這套書有以下特色和優點：

所採擷的歷史故事真實、經典，覆蓋面廣，屬大眾喜聞樂見、耳熟能詳者。

本書由具有深厚史學功底的歷史學者、知名歷史類暢銷書作家合力撰寫，故事根據《左傳》、《戰國策》、《史記》、《漢書》、《資治通鑒》等歷史典籍編寫，參考最新的權威考古研究報告，以適合小讀者的語言進行講述，生動有趣地還原真實的歷史事件，讓歷史更加鮮活。每篇故事中的生僻字都有注音，古代地名標明現今位置，生僻官職名稱、物品名稱也有相關解釋，掃除了閱讀障礙。

編排設計合理，強調對歷史線的梳理，簡要勾勒出一部中國歷史大觀。故事之間彼此呼應，有內在的邏輯關係。

本書精選的二百七十個歷史故事，基本涵蓋了中國歷史發展過程中重要的時間點和歷史大事件。小讀者通過這套書，可以清楚地了解到從

距今約七十萬年的周口店北京人到 1912 年清朝滅亡期間王朝的興衰和歷史發展過程。

💡 **內容豐富，知識欄目多，便於小讀者在學習歷史的同時，豐富文化知識，開拓視野。**

每一篇除故事主體外，還大致包含以下欄目內容：

好玩的副標題，激發小讀者的閱讀興趣。

知識加油站，選取與歷史故事相關聯的知識點，從文化、文學、科學、制度、民俗、經濟、軍事等角度，擴展小讀者的知識面，讓他們了解生活中方方面面的事物都是隨着歷史進程而發展、發明出來的，在增加歷史文化知識的同時，更直觀地理解古人的智慧和歷史的發展規律。

當時的世界，將中國歷史與世界歷史同時期的事件進行對比展示，開闊孩子的視野，培養孩子的全局觀。

💡 **文風活潑生動，圖文並茂，可讀性強。結合中小學生的實際生活，運用比喻、類比、聯想等手法敍事，幫助小讀者真正從歷史中獲得對實際生活的助益。**

時代在進步，文化也在按照自己的邏輯演進。新的世代有幸生活在「全球一體化」的文化交融時代，他們能夠並正在創造出超越前人的新

文化。歷史的海洋足夠廣闊深邃，充分擷取其滋養，豐富個人精神，增進民族智慧，是我們每一個歷史學者的志願！

2021 年 8 月 15 日於京城博望齋

穿越指南 ▉▉▶ 兩晉南北朝

進入到兩晉南北朝時期，你會發現風氣變了。從皇帝到士族，再到富人，普遍貪圖享樂，而且還特別愛炫富。

這個時期，不是士族出身是不能做官的。不過有趣的是，這個時期的士族中有很多不願做官的。他們喜歡舉行各種各樣的文藝活動，比如嵇（jī，粵音溪）康、阮籍等人，就經常在竹林裏聚會，彈琴、飲酒。請注意，在嵇康演奏的時候，你一定要豎起耳朵，因為他彈奏的《廣陵散》，曾一度失傳了很久。還有王羲之等人，經常在蘭亭集會，你可以欣賞到這個史上著名的書法家揮毫潑墨的情景。當然，你也可以去拜訪一下喜歡在田園裏寫詩的陶淵明，體會一下「採菊東籬下」的生活；你還可以拜訪喜歡登山的謝靈運，和他一起爬爬山，登上山頂後賦詩一首。

你去參加集會時會發現，文人們都喜歡穿寬大的衣服，有些文人甚至會袒胸露腹，給人一種放蕩不羈的感覺。他們也不喜歡戴冠，而是喜歡戴頭巾。羽扇綸巾的諸葛亮當時雖然早已去世，卻無疑是頭巾最好的代言人。

參加完這些文藝活動後，我猜你肯定有些餓了，你可以去當地的集市裏買些吃的。你會發現，市場裏的蔬菜、水果種類非常豐富，蔬菜有

芹菜、韭菜、茄子、冬瓜、竹筍等等，水果則有棗、桃子、布冧、杏、梨、梅、柿、哈密瓜等等。這個時期不僅食材豐富，烹飪方法也有了一些創新，你會發現當時的人做飯時，會使用一種可以燃燒的岩石，沒錯，它就是煤，我國是最早使用煤取暖和做飯的國家。但是當時煤還屬於稀有的燃料，所以人們為了不浪費這種燃料，創出了一種新的烹調方法——炒。用炒這種方法，可以大大縮短烹調的時間，當時人們常會做一道叫「炒雞子」的菜，這是一道甚麼菜呢？你看到一定不會感到吃驚，原來就是我們常吃的炒雞蛋，可惜當時市場上還買不到番茄，要不然你就可以告訴大廚，番茄和雞蛋最相配喔。同時在魏晉南北朝時你也可以選擇烤、煮、蒸製菜餚。當時有很多名菜，比如鱸魚膾、蒸小豬、莼（chún，粵音純）菜羹、炒鴨子……味道都好極了，有機會的話你一定要嚐嚐。你也可以找一位大廚當老師，學着做一做這些菜式，給爸爸媽媽露一手。

這個時期，隨着胡人進入中原，文化交融更加深入。之前中原地區不論吃飯、學習都是跪着的，隨着胡人進入，傳過來一種叫胡牀的傢具，類似於今天的摺凳。有了它，大家終於可以舒舒服服地坐着了。

除了胡牀，牀也有了變化，之前中原有牀榻，人們雖然可以不用睡在地上，但是牀榻又窄又矮，睡起來不是很舒服。現在，牀和榻分開

了，高而大的叫作牀，矮而窄的叫作榻。

　　走在路上，你會發現，人們流行坐牛車或轎子。雖然這兩種出行方式比較平穩，但是肯定沒有馬拉的車快。你可能會問，難道這個時代的人都是慢性子，不着急嗎？還真不是。其實他們也是想坐馬車的，但是因為馬本身就少，再加上長期打仗，馬都被用在戰場上了，也就沒有多餘的馬用來拉車了。就連皇上出行坐的也是牛車。不同的是，皇上為了顯示他高貴的身份，竟然一下用了九頭牛給自己拉車。

驕奢淫逸的晉武帝
漸漸成了自己討厭的模樣 · · · · · · · · · · · · · · · ·

　　我們前面講了，晉武帝司馬炎消滅了三國時期的最後一個政權東吳，統一了全國，結束了長達六十年的三國鼎立局面。

　　實現了大一統後，晉武帝司馬炎開始把全部精力投入到治理國家上，大刀闊斧地進行改革。

　　東漢末年，由於皇權衰落，貴族們趁着戰亂侵佔了大量土地，百姓只能在貴族的土地上當牛做馬，窮困度日。由於貴族佔據了大部分土地和人口，財富都進了他們的腰包，就連朝廷都沒有他們富。三國時期，由於連年戰亂，朝廷沒有時間治理民間。為了扭轉這種局面，司馬炎頒佈了一系列政策，把許多貴族佔有的田地分給農民，還鼓勵百

姓開墾荒地，並且興修水利，幫助農民提高生產力。農民富裕起來了，就能上繳更多賦稅，國庫也就日益充盈起來。司馬炎還將生活在邊遠地區的百姓遷來中原定居，促進經濟發展。

通過這一系列措施，社會恢復了穩定。百姓從戰爭的陰影中走了出來，人人安居樂業，就連在野外放羊也不用擔心會被人偷走。歷史上把這一時期稱為「太康之治」，也叫作「太康盛世」。

然而，隨着國家逐漸變得富裕起來，司馬炎卻逐漸被財富和權力腐蝕，將國庫中的錢糧當成了自己的財產，過上了驕奢淫逸的生活。

司馬炎執政早期，曾有一位醫官進獻了一件「雉頭裘」給他，也就是取雉雞頭上豔麗的羽毛製成的外套。可想而知，這件衣服要用多少雉雞才能製出一件，可以説非常奢侈了。司馬炎沒有把這件奢侈品收藏起來，而是帶到朝堂上，當着文武百官的面燒掉，表示他反對這種奢侈浪費的行為。此時的司馬炎提倡節儉，但後期他卻變得好色、奢侈。

司馬炎十分喜歡美女。在平定東吳時，司馬炎並沒有解散孫皓的後宮，而是將這五千佳麗納入了自己的後宮。加上後宮中原有的妃嬪，司馬炎後宮的人數最多時超過了一萬人。這麼多人，司馬炎就算每天見一個也要花上二十多年，所以很多後宮佳麗一輩子都沒能見上皇帝一面。而司馬炎這時也犯了「選擇困難症」，為此他想出了一個主意。他讓人製作了一架由羊拉動的車，每到晚上，他就坐着羊車，任由羊在宮裏漫步，羊停在哪裏，他就在哪個宮室休息。後宮佳麗們為了能見到皇帝，甚至想出了用羊愛吃的竹葉、鹽水把羊車引過來的辦法。後宮宮人多達幾萬人，這些人的吃穿用度實際上花的都是國家的錢。司馬炎為了享樂，正在把前十幾年辛苦積累的國庫一點點掏空。

儘管已經有了這麼多的妃嬪，司馬炎仍不滿足，還費盡心思繼續填充自己的後宮，於是就有了更為荒唐的舉動，他竟然頒佈了一道「權禁斷天下嫁娶」的詔書，禁止全國上下所有人嫁娶，直到他選美結束。那些平時仿效皇帝奢侈生活的名門望族這下傻眼了，誰都不願意自己的女兒被選入暗無天日的後宮，孤獨終老。於是各家女兒開始「扮醜」，一心只盼着能落選，好躲過這場災禍。這件事一時間成了笑談。

皇帝如此，大臣們也紛紛仿效，朝廷上下颳起了一股炫富攀比的風潮。當時，司馬炎的丞相何曾僅吃飯一天就要花費一萬錢，面對滿桌子的美味佳餚，他卻還是不滿意，説：「沒有值得下筷的東西！」成語「日食萬錢」就是從這裏來的。

這股奢侈浪費、荒淫無度的風氣在貴族間盛行，即使在司馬炎去世後，這股風氣也依舊不減。老百姓辛勤創造的財富被王公貴族們揮霍一空，整個社會都瀰漫着憤怒不滿的情緒，這預示着西晉王朝的快速衰落。

甚麼是門閥制度？

　　西晉時期，門閥制度得到了進一步發展。門閥制度嚴格區分世家大族和寒門庶族。世家大族也叫士族，指那些世代都有人在朝廷當大官的家族，寒門庶族則指那些出身寒微的普通老百姓。士族享有種種特權，並且不和庶族通婚。這種制度確保了世家子弟讀書受教育、入朝當官的權利，從而使家族越來越繁盛，壟斷了國家權力，佔據了大量財富。如果用一句話總結門閥制度，那就是「上品無寒門，下品無勢族」。

當時的世界

　　284 年，中國處於「太康盛世」時期，此時天下太平，經濟繁榮。同年，一個叫戴克里先的將領成了羅馬帝國的統治者。在他統治期間，羅馬帝國完成了共和制向君主制的轉變，戴克里先也成了羅馬帝國第一位名副其實的皇帝。

石崇鬥富

頂級的「炫富」大比拼

提起皇帝，我們都知道是國家的最高統治者，擁有着無盡的權力和財富。可是在西晉時期，有一個叫石崇的人卻號稱比皇帝還要富有。石崇到底是甚麼人，他為甚麼敢說自己比皇帝還富有呢？

石崇的父親石苞是西晉的開國元勳，曾跟隨司馬昭攻打東吳，立下了赫赫戰功，到司馬炎執政時期，官居大司馬、侍中，一度權傾朝野。石崇可以說是一個不折不扣的官宦子弟，而且他還是家中最小的兒子，從小便被百般寵愛。

出生在如此顯赫的家庭裏，石崇從小就擁有享不盡的榮華富貴。可是石苞臨終分財產時，卻甚麼都沒有留給石崇，這是為甚麼呢？原來在石崇很小的時候，石苞就看出這個孩子比哥哥們都聰明，認為他今後肯定能積累財富，不必靠祖上傳下來的家業過日子。

　　石崇憑藉家裏的關係，二十多歲就當上了縣令，後來又在討伐東吳的戰爭中立下大功，深受晉武帝司馬炎的器重，從此在仕途上平步青雲。

　　石崇擔任荊州刺史的時候，發現了一個發財的歪門邪道，那就是讓手下官兵裝扮成強盜，打劫往來荊州的客商，通過這樣的手段，石崇積累了大量的財富。石崇後來又私下投靠了晉惠帝的皇后賈南風的娘家，和皇后的外甥賈謐（mì，粵音密）交往密切，更加有恃無恐。

　　石崇聚斂了大量不義之財，便開始瘋狂揮霍，生活中自然是極盡奢華。他的豪宅光是房子就有幾百間，每個房間都裝飾得金碧輝煌，裏面陳列着各式各樣的奇珍異寶，讓人目不暇接。就連廁所也同樣金碧輝煌，並且有數位打扮得珠光寶氣的侍女服務。每次如廁之後，侍女們都會為客人換上全新的華麗服裝。一時間，石崇的奢靡生活在西晉無人不知、無人不曉，這引起了國舅爺王愷的不滿。

王愷是晉武帝司馬炎的舅父，既然貴為皇親國戚，在生活中自然處處都要炫富。當聽到人們議論石崇家的吃穿用度如何奢華時，他一下生出了攀比之心，於是王愷和石崇這對冤家就開始較上了勁。

為了炫富，王愷讓家中的僕人平日裏用麥芽糖水來刷鍋洗碗。石崇知道以後，便讓自家的僕人生火做飯不要燒柴火，改用照明用的蠟燭。王愷出門時讓人在道路兩旁拉開四十里長的紫色綢布步障，遮擋灰塵和別人的視線，石崇就用更昂貴的錦織成五十里長的步障。石崇的豪宅用花椒和泥塗抹牆壁，王愷就立刻把更為昂貴的赤石脂磨成粉刷牆。幾次三番下來，王愷總體上處於下風，略遜石崇一籌。

氣急敗壞的王愷決定求助於自己的外甥——晉武帝司馬炎，希望能夠借助這個強大的幫手來勝過石崇，讓自己揚眉吐氣。

一看是舅父來請自己幫忙，晉武帝司馬炎哪能袖手旁觀呢？他把一株兩尺多高的名貴珊瑚樹賜給了舅父。王愷一見大喜，心想貴為九五之尊的皇帝都如此珍愛的至寶，石崇一定不會有更好的了，便邀請石崇來觀賞，同時還邀請了眾多的達官貴人，想要讓大家一起來見證石崇顏面掃地的樣子。

令王愷萬萬沒有想到的是，石崇在觀賞過這株珊瑚樹之後，居然拿起一支鐵如意，將珊瑚樹打得粉碎。王愷驚訝得目瞪口呆，緩過神之後便暴跳如雷，想要好好教訓石崇一番。

沒料到石崇不僅不害怕，反而安撫王愷說：「別生氣，我賠你就是了。」說完，石崇便讓僕人取來六七株珊瑚樹，請王愷隨便挑。只見每一株都有三四尺高，光彩奪目，極為耀眼，遠遠勝過了晉武帝賜給王愷的那一株。經過這件事情以後，王愷便甘拜下風，再也不和石崇攀比了。

300 年，趙王司馬倫發動政變，誅殺了晉惠帝的皇后賈南風，包括賈謐在內的賈家人都沒有逃過此劫。受到牽連的石崇也因此被免官，他每天都提心吊膽，不敢再拋頭露面，一頭躲進了自己的山中別墅金谷園，過着醉生夢死的生活。儘管如此，麻煩還是很快就找上門來了。

趙王司馬倫有一個親信叫孫秀，當時在朝中隻手遮天。孫秀派人向石崇索要他的寵妾綠珠，實際上是逼迫石崇交出自己的財寶。在被石崇拒絕

之後，孫秀設下了毒計，誣陷石崇勾結淮南王司馬允準備發動叛亂。司馬倫派兵趕到金谷園抓人，綠珠認為是自己連累了石崇，跳樓而死。石崇被囚禁在車中帶往集市，他在路上感歎道：「哪裏是綠珠的錯？是這些傢伙想要我的財產，我為甚麼不早點把這些身外之物處理掉呢？」可惜他醒悟得太晚，當天就被處死了。石崇的家人也都被殺，全部財產被充公。

　　石崇的經歷是西晉豪門貴族的一個縮影。「太康之治」後，朝廷上下奢侈攀比之風盛行，為了維持奢華的生活，貴族們更加貪婪殘酷地搜刮民脂民膏，激化了社會矛盾。

知識加油站 文化

石崇用花椒和泥刷牆有甚麼講究？

　　牆壁用花椒和泥塗抹，這樣的房子被稱為「椒房」。用花椒和泥刷過的牆會散髮出花椒的天然香氣，可以驅蟲，還具有隔熱保溫的效果，相當於我們現在給牆壁做保溫層。最早的椒房是西漢時期出現的，當時漢高祖劉邦用這個方法裝修皇后呂雉的宮殿。後來椒房也泛指后妃的居室。在古代，將花椒磨粉製成塗料刷一間房，用量非常大，根本不是一般人能用得起的，所以非常奢侈。

當時的世界

　　石崇死於 300 年，此時正處於「八王之亂」時期，西晉內部亂象叢生。301 年，羅馬帝國的戴克里先進行經濟改革，創立了「限制最高價格法」來抑制通貨膨脹。

傻子皇帝司馬衷

「沒有米，怎麼不吃肉？」

　　我們通常認為，能登上皇帝寶座的應該都是英明神武、才能出眾的人，可是在西晉，卻出了一位「傻子皇帝」。這個只知道吃喝玩樂，對國家大事一竅不通的人是怎麼成為一國之君的呢？

　　這個「傻子皇帝」的名字叫作司馬衷，是晉武帝司馬炎的第二個兒子。由於哥哥很早就去世了，所以司馬衷九歲的時候就成了太子。

　　司馬衷在很小的時候看起來就比別的孩子愚鈍。司馬炎看在眼裏，急在心裏，因為司馬氏剛剛奪取天下，要是這個兒子沒有管理國家的能力，不就等於把江山社稷拱手讓人了嗎？這時候，皇后楊豔極力勸說司馬炎不要另立太子，這既是身為母親對兒子的偏愛，也是因為如果司馬炎立了別的妃嬪生的皇子，將來新皇登基，自己就危險了。和皇后有同樣想法的還有「太子黨」，這羣聚集在司馬衷身邊的大臣生怕太子換人，自己受到牽連，於是也力保司馬衷。

　　見皇后和很多大臣都反對廢掉司馬衷，司馬炎有些拿不定主意，於是想考驗一下司馬衷的才能。有一次，司馬炎出了幾道題目，要司馬衷在三天之內答出來。司馬衷看到題目時一頭霧水，根本回答不上來。他的妻子賈南風卻聰明機靈，趕忙偷偷地請了幾位有學問的老先生來幫忙，最終完成了試題。司馬炎看到答卷後非常滿意，覺得自己這個兒子並沒有看起來那麼笨，也就不再為司馬衷能否當好皇帝擔心了。

在生命的最後一段日子裏，司馬炎也懷疑過自己的決定，但是他已經來不及重新選拔太子了，只能選擇做補救措施。晉朝建立之初，司馬炎汲取東漢的教訓，認為東漢最終被魏、蜀、吳瓜分，是因為諸侯掌握了實際兵權，於是他就大量分封司馬氏為諸侯王，壯大皇室力量。可是看到司馬衷不太聰明的樣子，他又害怕自己死後，權力會被自己的叔姪兄弟們奪走。於是，司馬炎指定自己的叔父司馬亮和第二任皇后楊芷的父親楊駿來輔佐太子。可他沒想到，這樣做又引入了外戚勢力，為之後的「八王之亂」埋下了禍根。

290 年，晉武帝司馬炎去世。三十一歲的司馬衷登基成為晉惠帝，西晉王朝的命運從此落入了一個「傻子皇帝」的手中。

登基後的司馬衷依然憨傻，把國家大事都交給皇后賈南風處理。賈南風為了鞏固自己的權力，打壓老牌外戚楊家，設計殘殺司馬皇族，直接引發了「八王之亂」，造成了政局動盪，兵荒馬亂。這一切司馬衷都管不了，更不知道怎麼管。而且他既然已經被推上了歷史舞台，也就流傳出了更多關於他痴傻的故事。

有一次，司馬衷去華林園遊玩，經過一個池塘的時候，聽到了池塘裏蛤蟆咕呱咕呱的叫聲，於是便轉身問身邊的人：「這些池塘裏的蛤蟆，是屬於公家的，還是私人的？」這個問題把周圍的人都難住了，一個個目瞪口呆，不知道怎麼回答。一個隨從靈機一動，回答道：「在公田裏叫的就是朝廷的，在私田裏的就屬於私人。」這樣莫名其妙的問題，讓天下人都笑話司馬衷毫無常識。

關於司馬衷毫無常識，還有一個著名的「何不食肉糜」的故事，這個肉糜，就是肉粥。西晉時期天災頻發，有一次爆發了大饑荒，災情十分嚴重，許多災民甚至吃樹皮來充飢。大臣在上朝時向司馬衷匯報，希望朝廷能夠儘快賑災。司馬衷聽完卻非常不解地問道：「沒有米吃，災民為甚麼不吃肉粥呢？」大家想，荒年糧食顆粒無收，老百姓連米都吃不上了，怎麼可能吃得上肉粥呢？

不過，司馬衷也不是完全不懂人情世故。304 年，「八王之亂」時期，司馬衷的異母弟弟司馬穎起兵奪權，司馬衷親自率領軍隊討伐，結果

被打得大敗，司馬衷本人也身中三箭。當時他的貼身侍從、文武百官全都只顧着自己逃命，只有侍中嵇紹一人挺身而出，忠心護駕，被叛軍殺死。嵇紹被殺時，鮮血濺到了司馬衷的衣服上。戰禍平息以後，司馬衷為了紀念嵇紹，不准任何人清洗這件有血漬的衣服。由此可見，司馬衷雖然愚鈍，但是本性中卻也有率真重情的一面。

隨着「八王之亂」的不斷升級，西晉內部的戰禍越來越嚴重，早就沒有人把他這個「傻子皇帝」當回事了。最終，司馬衷四十八歲時在顛沛流離中死去，西晉王朝也因為這個昏聵（kuì，粵音劊）無能的皇帝而變得四分五裂。

知識
加油站 制度

西晉時期的公田和私田

上面的故事中，司馬衷提出了一個關於蛤蟆是公家的還是私人的愚蠢問題，有的朋友可能會好奇了，究竟該如何區分公田和私田呢？這就要從西晉時實行的占田課田制說起。占田顧名思義就是說，國家允許農民佔有一些荒蕪的土地來耕種，並且認可農民對土地的所有權，這便是私田。課田則是指農民在政府的土地上耕種，每年要按比例向政府上交一定量的糧食和布匹，這便是公田。

八王之亂
王爺間的瘋狂大亂鬥 ················

　　大家可以想像一下，在一個團體中，如果每個人都想自己說了算，肯定會產生矛盾，甚至發生激烈的爭執。這種情況放在古代的皇家也是同樣的道理，後果甚至更為嚴重。

　　我們前面講的「傻子皇帝」司馬衷雖然傻，但是他的皇后賈南風卻是一個又聰明又有野心的人。賈南風好不容易當上了皇后，而司馬衷又傻又憨，國家大事可以由自己說了算了吧？沒想到的是，輔政大臣楊駿成了她最大的障礙。這個楊駿是太后楊芷的父親，他一手把持朝政，處處防着賈南風，讓她根本沒有插

手的機會。賈南風心裏憤恨，但又不敢和楊駿正面交鋒，於是就想出了一個借刀殺人的辦法，借助司馬皇族的力量消滅楊駿。晉武帝司馬炎登基後，為了鞏固司馬氏的統治，一下封了二十多個兄弟子姪為諸侯王，每一個王都擁有強大的軍隊。這就是賈南風想要借助的力量。

那你可能要問了，這些司馬皇族憑甚麼聽賈南風的話呢？這就要說賈南風聰明的地方了，她知道要打着皇帝司馬衷的旗號。她謊稱楊駿要謀反，以司馬衷的名義命令楚王司馬瑋（wěi，粵音偉）帶兵來洛陽護駕。

這一下楊駿就傻眼了，別看他平時在朝堂上耀武揚威，到了關鍵時刻卻不知道該怎麼辦。司馬瑋毫不手軟，一到洛陽就立刻率兵衝進楊駿的府邸，在馬廄裏殺了楊駿，還一把火燒了楊府，乾脆俐落地掃除了楊駿的勢力。

這下賈南風是不是就可以自己説了算了呢？並沒有。因為楊駿被鏟除後，朝政又被司馬衷的叔叔——汝南王司馬亮霸佔了，還是沒有賈南風甚麼事。於是她想出了一個一石二鳥之計，先以司馬衷的名義下聖旨讓司馬瑋殺了司馬亮，然後來了一個翻臉不認人，説司馬瑋假傳聖旨，把他也殺了。

這下，賈南風可算實現了大權在握。為了鞏固自己的權力，她想儘一切辦法在朝廷裏安插自己的人，把家裏的哥哥、舅父、姪子都封了官，這才算放下心來。

此後的八年裏，西晉朝廷的確過了一段太平日子，但賈南風心裏卻越來越慌，因為太子長大成人了。你是不是覺得哪裏彆扭？一般情況下，太子不就是皇后的孩子嗎，母子之間能有甚麼仇呢？原來，這個太子不是賈南風親生的。賈南風生怕他日後登基，封親生母親為太后，那自己的死期就到了。於是，已經習慣政治鬥爭的賈南風選擇了先下手為強，殺了太子。

眼看賈南風除掉太子，大臣們都敢怒不敢言。但是，這件事卻引來了太子的老師——趙王司馬倫，他偽造皇帝詔書，廢掉了皇后。

只不過，這個司馬倫也不是甚麼好人，也存着當皇帝的野心。他軟禁了司馬衷，一年後自己篡位做了皇帝，並且大肆給自己的親信加官進爵，據說因為封的大官太多，官帽上的貂尾都不夠用了，只能用狗尾巴代替。這就是成語「狗尾續貂」的來歷。

短短兩年時間，洛陽風雲變幻，頻繁的政治鬥爭已經讓皇權的威嚴蕩然無存。這時司馬皇族的王爺們看出來了，只要膽子夠大，兵力夠強，人人都有機會當皇帝。於是這些王爺紛紛出動，表面上都打着討伐司馬倫的旗號，實際上都想先趕到洛陽搶皇位。最先抵達的齊王司馬冏（jiǒng，粵音炯）聯合另外兩位王爺司馬顒（yóng，粵音容）和司馬穎，打敗了司馬倫的軍隊，殺了他並救出了皇帝司馬衷。從這時候開始，這場皇室爭鬥升級成了大規模的內亂。

這場動亂前前後後持續了十六年，從最開始的司馬亮、司馬瑋、司馬倫，到後來的司馬冏、司馬顒、司馬穎、司馬乂（yì，粵音艾）、司馬越，主要有八位王爺參與到這場混戰中，所以這場動亂歷史上稱為「八王之亂」。八位王爺像走馬燈一樣輪流登場，憑藉手裏的兵權打成一團，每個人都想控制皇帝司馬衷，達到「挾天子以令諸侯」的目的。司馬衷在戰亂中被司馬皇室爭來搶去，最終死在了司馬越手上。直到晉懷帝司馬熾登基，這場內亂才結束。

「八王之亂」造成了朝政混亂，戰禍不斷。皇親國戚們忙着爭權奪利，根本沒有想過如何治理好國家；連年征戰導致百姓流離失所，農田荒蕪，國家也變得越來越窮。「八王之亂」還導致西晉國力衰落，無法抵禦外族侵略，為其後北方少數民族瓜分中原、形成五胡十六國埋下了隱患。

知識加油站 軍事

專門關押政治犯的金墉城

金墉（yōng，粵音容）城位於洛陽西北，最初由曹魏修建，原本是避險防亂的臨時處所，後來卻逐漸成為專門關押政治犯的牢城。從曹魏末年開始，不少在歷史上有頭有臉的人物都曾進去走過一遭。晉武帝司馬炎逼迫曹奐禪讓後，封他為陳留王，關押在此。「八王之亂」開始後，賈南風親手把太后楊芷和太子司馬遹（yù，粵音 wat6）送入金墉城，太后在這裏被活活餓死。而賈南風自己和司馬衷則被司馬倫先後送進金墉城。最終賈南風被逼喝下毒酒，司馬衷被諸侯王營救了出來。

當時的世界

306 年，「八王之亂」平息，從此西晉政權分崩離析，進入了「五胡亂華」的時代。就在這一年，君士坦丁一世成為羅馬帝國皇帝，他在位期間，率軍在內戰中接連取得勝利，重新統一了羅馬帝國。

李特流民起義

一個因被逼返鄉建立的政權

　　我們前面講到,「八王之亂」時天災人禍不斷,百姓流離失所。這對生活在和平年代的我們來說,是非常陌生的,可是在那時候,百姓們為了活下去,只能被迫踏上逃難逃荒之路,成為流民,從此過着吃不飽穿不暖,沒有地方住的日子,淒慘無比。不過,有一個人卻在這亂世中脫穎而出,這個人叫李特。

　　李氏是氐(dī,粵音低)族中的望族,其部落生活在如今甘肅天水一帶。李特生得挺拔魁梧,尤其擅長騎射,而且為人仗義,結交了很多朋友。有一年,天水一帶爆發了災荒,災情迅速蔓延,十多萬人成了災民,李特的部落也受了災。他和兄弟們商量,決定加入流民隊伍,一路趕往富饒的四川。大家都希望到了四川能過上安穩的日子。

　　在遷徙途中,李特非常熱心,遇到有人餓暈在路邊,或是生病走不動了,他都會伸出援手。這樣,他慢慢在流民中有了聲望,大家都願意跟着他,還推舉他當了流民領袖。

　　到達益州後,流民們分散開來,有的給地主打工種田,有的自己找塊荒地開始耕種,漸漸安頓了下來。

　　可是沒想到,這些只想過太平日子的流民卻被人盯上了。原來,益州刺史趙廞(xīn,粵音音)早就圖謀不軌,想趁着天下大亂自立為王,於是就把主意打到了流民身上。他想方設法拉攏李氏兄弟,想讓流民加入自己的軍隊。而李特等人見到趙廞開倉放糧,救濟流民,以為他是真心幫助流民,就投靠了趙廞,還在短時間內召集了一萬多人,聽從趙廞的調遣。

　　然而沒過多久,雙方就反目成仇了。為甚麼呢?因為趙廞擔心李氏兄弟在流民中的聲望超過自己,就找藉口把李特的大哥殺了。雙方就此撕破了臉,打得你死我活。最終,李特和弟弟李流領兵滅掉了趙廞。

很快，西晉朝廷就知道了益州一帶有來自各地的十幾萬流民。朝廷認為流民是一個大威脅，如果放任不管，遲早要出大亂子，於是就派羅尚來做益州刺史，準備將流民回遷各地。

301 年春天，羅尚到達益州上任。李特派人前去迎接，又送上厚禮，想和羅尚搞好關係。羅尚身邊有個掌管兵權的辛冉（rǎn，粵音染），心裏瞧不起流民，一心想趕他們走，就對羅尚說：「大人，您可不能被李特騙了啊，他這個人兇殘狡猾，帶着流民在這一帶打家劫舍，必須儘早除掉。」羅尚這時還沒站穩腳跟，就沒有聽從辛冉的建議。

羅尚上任後不久，便通知益州各地官府，務必從七月開始遣返流民。可是各地官府連催帶趕，流民們一直磨磨蹭蹭，遲遲不肯上路。這是因為他們在益州的這幾年生活安穩，日子過得比以前好多了，當然就不想返回故鄉了。而且，流民靠種地過日子，地裏的莊稼收穫了才能賣了換錢，賺取路費。現在羅尚卻一聲令下，把他們從打短工、種地的地方趕了出來，逼着上路。更過分的是，辛冉還給羅尚出主意，在路上設卡盤查，搜刮流民身上的財物。

李特知道這個情況後，便在綿竹設立了一個大營收容流民，同時派人向羅尚求情，請求等到秋收後再遣返流民。流民們看到李特為民請願，心中十分感動，綿竹大營裏很快聚集了兩萬多流民。

好不容易拖到秋收，李特讓手下的閻式去求見羅尚。閻式對羅尚說：「大人，流民們雖然微不足道，但是總要給大家一條活路。把他們逼得走投無路，後果不堪設想。請您三思啊！」羅尚應付說：「好了，我知道了。你就告訴大家，我姑且再寬限一些日子，讓他們放心。」

回去的路上，閻式注意到羅尚的軍隊在沿途設卡，安營紮寨，明顯是要有所行動。閻式一見到李特，就提醒他提防羅尚。

果然，十月的一天，辛冉派出三萬步兵偷襲綿竹大營，想一舉拿下李特。可是沒想到李特早有準備，官兵衝進大營後，很快就被四周埋伏的流民包圍了，殺得片甲不留。李特索性起兵造反，把羅尚圍困在了成都。為了爭取民心，李特和當地百姓約法三章，命令軍隊不許禍害百姓，不向百姓收稅，還優待讀書人。百姓很快就都投靠了李特。

羅尚困守成都，幾次嘗試突圍，可每次都被打回城裏，只好一封接一封地寫信向朝廷求救。這樣整整持續了一年，朝廷派兵平亂，李特在戰鬥中被殺，他的弟弟和兒子繼續率領起義軍和官兵作戰。又過了一年，李特的兒子李雄攻陷成都，羅尚潛逃。不久之後，李雄稱帝，定國號為「大成」，歷史上稱為「成漢」。

　　李雄在位三十年，把成漢治理得井井有條，家家夜不閉戶，人人安居樂業，這段時間是成漢最穩定富足的時期。然而李雄死後，他的繼承者們只顧着爭權奪位、貪圖享樂，再也不為百姓着想，不到五十年的時間，成漢就滅亡了。

知識加油站 經濟

中國歷史上最早的年號錢

　　前面我們講過帝王使用年號，是從西漢時漢武帝開始的，但是漢武帝當時並沒有把年號放到錢幣上。直到李特的姪子李壽登基，以「漢興」為年號後，才開始將年號放到錢幣上，並鑄造發行了「漢興錢」，這便是中國歷史上最早的年號錢。「漢興錢」出現後，後面的皇帝爭相仿效，鑄造發行標有自己年號的錢幣，因此出現了很多年號錢。到了後面我們要講的宋、金時期以後，皇帝鑄造發行的錢幣，基本上都是年號錢了。

當時的世界

　　李雄於 304 年建立成漢政權，在位三十年，奠定了成漢的基業。305 年，羅馬皇帝戴克里先選擇退位，各方勢力為了爭奪帝位，使羅馬帝國陷入內亂。

竹林七賢

魏晉時期的「文藝天團」

　　魏晉時期，朝廷選拔官員採用的是舉薦制，就是由各地官府推薦當地的人才入朝做官。因此，世家大族的子弟如果想做官，只要和官府打個招呼，就能拿到推薦信，走馬上任。這就相當於現在的年輕人剛畢業，工作就已經為他安排好了。你可能會想，這些世家子弟可真舒服啊。可是，偏偏有幾個名門子弟表現得非常叛逆，千方百計地逃避當官。他們為甚麼要這麼做呢？

　　曹魏末年，司馬氏身為臣子，權力卻比皇帝還大，不管是官員還是百姓，都知道司馬氏自己想當皇帝。那些站出來批評司馬氏的人都被整得很慘，所以人們都敢怒不敢言，整個朝廷氣氛壓抑，大臣們都要看司馬氏的臉色行事，每天都過得戰戰兢兢。

　　不過有七位名士，嵇康、阮籍、山濤、向秀、劉伶、王戎和阮咸，可不吃這一套，他們看不慣司馬氏橫行霸道的作風，經常高調地在河南山陽一帶聚會飲酒，彈琴賦詩，高談闊論，後人稱他們為「竹林七賢」。

竹林七賢的核心人物是嵇康，他出身於一個富貴的官宦家庭，身材高䠷，面如冠玉，自幼博覽羣書，舉手投足間瀟灑帥氣，用現在的標準來看就是個大帥哥。他有多帥呢？有一次他到山裏去採藥，被砍柴的樵夫看見，樵夫回來後逢人就說遇到了神仙。嵇康還非常有才，他擅長寫詩作文，還是有名的音樂家，自己作曲、自己彈琴，琴聲高雅脫俗，動人心魄，為後世留下了許多古琴名曲。

　　放到現在，嵇康完全能夠成為一位「國民偶像」。後來，嵇康娶了曹操的曾孫女，成了皇親國戚。你可能會想，古代沒有偶像明星，像嵇康這樣有才有貌的人不當官做一番大事業，那該多可惜啊。在當時，有這樣想法的人不在少數，其中最有權勢的大將軍司馬昭，就三番兩次地想請他來做官。可是嵇康並不想為司馬昭這樣的野心家效力，於是收拾行李躲到外地去了。後來，司馬昭又派人找到嵇康家，嵇康閉門不出，根本不給司馬昭一點面子。

　　不過，嵇康這個人並不是不通人情，相反他特別熱情好客，經常和志趣相投的朋友喝酒聊天。他有兩個著名的酒友，就是阮籍和劉伶。

　　阮籍比嵇康大十幾歲，也是有名的大才子，據說八歲就能寫一手好文章，是有名的「神童」。這兩個人不僅在文學上非常聊得來，還有着同樣的煩惱。因為阮籍太有名了，也被司馬昭看中了，不過這一次司馬昭不是

想請他做官，而是想要為自己的兒子司馬炎提親，求娶阮籍的女兒。聽說司馬昭要和自己做親家，這可把阮籍嚇得不輕，他不想答應，可是又不敢拒絕，該怎麼辦呢？阮籍靈機一動，使出了自己的看家本領，狂飲美酒，連着六十多天都喝得酩酊大醉，司馬昭始終找不到機會和他談親事，最後只能無奈地離去。

另一個嗜酒如命的是劉伶，他有「醉猴」之稱。有一次劉伶喝多了酒，感到異常口渴，想要喝酒，他的妻子不讓他喝，勸他把酒戒了，可劉伶卻說：「天生我劉伶，酒是我的命。一次喝一斛（hú，粵音酷），五斗消酒病。婦人說的話，千萬不能聽。」說完拿起酒就喝了起來，一會就醉倒了，可見他是多麼愛喝酒呀。

我們通常認為，文人聚會是非常文雅的，除了寫寫詩、彈彈琴，最多也就是放聲高歌。但是竹林七賢之所以有名，就在於這七個人不走尋常路，他們聚在一起甚至還會打鐵！這個讓人大開眼界的「打鐵組合」就是嵇康和向秀。向秀是研究《莊子》的大學問家，平時看上去是個安安靜靜的讀書人，但在打鐵的時候，向秀毫不示弱，用力地拉動風箱，嵇康則揮動鐵錘，兩人配合默契，竟然讓這樣的勞動場面都變得賞心悅目起來，一時間被人們傳為美談。

竹林七賢中還有阮籍的姪子阮咸，他也精通音律，最擅長彈奏琵琶。他曾經改造過一種西域傳過來的琵琶，後來人們就用阮咸的名字來稱呼這種樂器。而年紀最小的王戎，出身於琅琊王氏，家族背景強大。他本人則以機敏著稱，就連一向目空一切的阮籍都喜歡和他聊天。

講到這裏，你是不是覺得還差一個人？沒錯，我們最後講到的山濤跟其他人都不同。其他人是討厭做官、怕做官，而他是心甘情願地做官。當然，他有自己的原則，堅決不做為虎作倀的事情。正是因為這樣，嵇康才願意和他做朋友。而山濤則真心覺得像嵇康這樣的人才不做官太浪費了，於是經常勸嵇康入朝為官，可每次都被他拒絕。

俗話說，天下沒有不散的筵席。隨着政局的風雲變幻，竹林七賢的友誼也發生了微妙的變化。260 年，司馬昭弒君，為了遮掩罪行，就想請嵇康歌功頌德一番，於是讓山濤去當說客。嵇康憤恨司馬氏的篡權野心，更氣山濤屈服於這樣的亂臣賊子，便寫下了著名的《與山巨源絕交書》，表

示與山濤絕交。這下可是大大得罪了司馬昭，他覺得像嵇康這樣有名望的人，如果不能為自己所用，還是儘早除掉的好。

後來，嵇康牽扯進一椿案子，司馬昭可算逮到機會了，立刻把嵇康抓起來下獄，準備處死。行刑當日，三千太學生向朝廷請願，希望能饒嵇康一命，讓他到太學教書。但是司馬昭一心要置嵇康於死地，一口回絕了太學生的請求。嵇康淡定地看着行刑台下發生的一切，要求用自己心愛的古琴最後彈奏一次《廣陵散》。一曲彈完，嵇康長歎一聲：「《廣陵散》從今以後就要失傳了！」慷慨赴死。

嵇康死後，竹林七賢各奔前程。他們為後世留下的不僅是哲學、文學、音樂、美術等方面的成就，更重要的是留下了不畏強權、熱愛自由的寶貴精神。

知識加油站 文化

《廣陵散》流傳下來了嗎？

《廣陵散》是我國一首著名的古琴曲，大約產生於東漢後期，根據戰國時期聶政為父報仇的故事創作而成，旋律慷慨激昂，帶有殺伐之意。嵇康是魏晉時期的音樂家，得到《廣陵散》曲譜後，對其曲調進行了加工，成為他演奏的代表作。嵇康臨刑前長歎「《廣陵散》於今絕矣」，更多是出於自身遭遇，感慨後人再也難以理解曲中所蘊含的不屈意志。實際上，《廣陵散》曲譜先是一度失傳，後在明代被發現，流傳了下來。

當時的世界

嵇康死於 263 年，竹林七賢的抗爭最終沒能阻止司馬氏奪取曹魏政權。258 年，駐守萊茵河地區的將軍波斯圖穆斯殺死了皇太子及其黨羽，脫離羅馬帝國，建立了高盧帝國，自稱皇帝。

西晉滅亡，衣冠南渡

當皇帝也要會「炒作」 ······················

我們前面講到，「八王之亂」鬧得天下戰亂四起。這時候，北方的少數民族就趁機紛紛建立起自己的政權，開始進攻西晉。其中，匈奴人建立的漢趙對西晉更是死咬住不放，一次又一次舉兵殺向國都洛陽。西晉因為連年戰亂，軍隊實力大大下降，勉強抵擋了幾次漢趙軍隊的進攻，最終洛陽還是被攻破了。漢趙軍隊不僅擄走了晉懷帝和無數的金銀珠寶，臨走還放火燒毀了皇宮，把國都毀得不成樣子。

　　大家可能會問，那些司馬氏的王爺們不是手握兵權嗎，他們為甚麼不去攻打漢趙，把皇帝救回來呢？實際上，這些王爺各懷鬼胎，都巴不得漢趙把晉懷帝弄死，他們就能趁機自立為皇帝。更何況，經過「八王之亂」，司馬氏王爺也都元氣大傷，手中的兵力大不如前，他們只盼着漢趙不要來找自己的麻煩，哪還有實力去找漢趙硬碰硬呢？

　　漢趙的皇帝看到西晉朝廷這樣軟弱，乾脆一不做二不休，真的殺了晉懷帝。看樣子，西晉真要亡國了。

　　然而，大臣們為了保住西晉，決定從司馬氏的王爺中再選一個出來當皇帝。只不過，一方面來不及重建洛陽，另一方面也怕漢趙再殺回來，於是，晉愍（mǐn，粵音敏）帝就在長安登基了。

得知西晉又立了新皇帝，漢趙的皇帝很生氣，於是他再次調兵遣將，向長安襲來。這次西晉又被打敗了，晉愍帝也被擄走，西晉徹底亡國了。

在這天下大亂的時刻，只有琅琊王司馬睿僥倖逃脫，重新開創了一番事業。「八王之亂」後期，司馬氏的王爺兵權在手，開始隨意發號施令，任免官員。那時的司馬睿只是一個名不見經傳的小王爺，被當時勢力最大的東海王司馬越封為安東將軍，去建康（今江蘇省南京市）管理江南地區。

接到任命，司馬睿也很糾結。他的封地在山東琅琊，也就是說全部身家都在這裏，要南遷到江南，就等於是重頭來過；可如果繼續留在封地，成天在兵荒馬亂中也會擔驚受怕，生怕哪一天小命不保。就在他猶豫不決的時候，他的好友王導極力勸說他南遷。

這個王導是甚麼人呢？他出身於名門望族琅琊王氏，是個非常有學問的人。王導勸司馬睿說：「王爺，現在不走更待何時啊？北方現在天天打仗，還有甚麼可留戀的？江南沒有戰亂，人民生活富足，是一個可以立足的地方。您如果藉着去上任的機會南遷，今後是能大有作為的。」司馬睿非常信任王導，就聽了他的建議，號召當地的名門望族跟隨自己南遷。這些世家大族都收拾起值錢的財物，帶着手下的佃農加入南遷的隊伍中。來往運送百姓的船連成了長隊，浩浩蕩蕩渡過了長江。歷史上把這次大規模的人口南遷稱為「衣冠南渡」。

可是到了建康，司馬睿又開始悶悶不樂起來。這一天，他請王導來喝酒，說出了心中的煩惱。原來，他們到江南一個多月了，江南的世家竟然沒有一個人登門拜見他，這讓司馬睿非常鬱悶也非常不解。這些江南世家怎麼敢怠慢一位王爺呢？這是因為，這些世家在當地有錢有勢，他們覺得北方人粗俗，打從心裏看不起這位琅琊王，不想和他打交道，於是就聯合起手來冷落他。

面對這種尷尬的局面，王導捋着鬍子給司馬睿出了一條妙計。農曆三月初三是「禊（xì，粵音繫）節」，這一天，不管貴族、平民，大家都會到郊外春遊踏青，祈福除災。於是兩人選中了這一天，精心準備了一次活動。

到了褉節當天，司馬睿乘坐轎子出現在建康街頭，還讓那些隨他一起來的王公士族們騎馬跟隨，一路浩浩蕩蕩地走到河邊。正在河邊祈福的世家大族看到司馬睿這樣豪華威嚴的排場，心裏都暗暗後悔小看了這個王爺。於是，世家中有頭有臉的人物紛紛上前拜見，司馬睿也就開始和各家結交。在他們的支持下，司馬睿的實力逐漸在江南發展壯大起來。

當晉愍帝被漢趙殺害的消息傳到江南後，司馬睿就在江南世家的支持下登基稱帝，建立了「東晉」。北方的百姓看到新建立的東晉又穩定又富裕，都紛紛逃離漢趙的統治，帶上家人和財產投奔過來。司馬睿在王導的輔佐下，廣施仁政，任用賢能。一時間，江南呈現出一片欣欣向榮的景象。

「褉節」是甚麼節日？

褉節，也叫上巳（sì，粵音自）節，是我國傳統節日之一，定在每年的農曆三月初三。人們會在這一天春遊踏青，在水邊飲宴。三月初三還是傳統的女兒節，是古代給少女舉辦成人禮「笄（jī，粵音雞）禮」的日子。這一天，女孩還可以穿上漂亮的衣服，結伴遊玩。魏晉時期，人們將上巳節臨水飲宴看成是一件風雅的事情，東晉王羲之在《蘭亭集序》中記敍的「曲水流觴」就是文人、士大夫在上巳節的活動之一。司馬睿高調地參加上巳節活動，是向江南各大世家展示自己高雅、有文化，從而收穫了各家的支持。

當時的世界

311 年，漢趙攻入西晉都城洛陽，擄走晉懷帝，這個事件被稱為「永嘉之亂」。313 年，羅馬帝國皇帝君士坦丁一世頒佈了「米蘭敕令」，承認了基督教的合法性，促進了基督教的傳播和發展。

石勒建立後趙

從奴隸到皇帝 ·····························

　　在我們的印象中，開國皇帝一般都大有來頭，他們有的
是名門之後，有的是帶兵打仗的大將軍，還有的是農民
起義軍領袖。可是，歷史上竟然有一個奴隸建立
了一個國家，當上了皇帝，這究竟是怎
麼回事呢？接下來，我們就講
講後趙皇帝石勒的傳奇經歷。

　　石勒是羯（jié，粵音竭）族
人，他的父親是一個小部落的首領，帶着
族人生活在并州一帶，也就是現在的山西境內。
石勒長到十幾歲，聰明熱情、能說會道，族人都喜歡跟
他打交道。如今我們十幾歲時，還在學校讀書，可是石勒那時
候已經工作養家了。你可能會想，他不是首領的孩子嗎，怎麼也要
工作呢？這是因為他們的部落又小又窮，每個人都要工作，就連首
領也不例外，不工作就會餓肚子。石勒到處給人家打工，種地、牧
馬、殺雞、宰羊，還當過小販，因此也見了不少世面。

　　然而在亂世中，百姓們如此辛苦地打工，日子還是過不下去。
有一年，并州一帶發生了一場大饑荒，能吃的東西都吃完了，為了
活下去，百姓們只好離開家鄉去逃荒，石勒也加入了流民的隊伍。
原本做流民已經夠慘的了，可讓人沒想到的是，在路上，石勒還被
抓起來了。這是怎麼回事呢？原來，管理當地的并州刺史司馬騰身
為皇親國戚，發生饑荒後，他不僅不賑災，還趁亂做起了買賣奴隸
的勾當。他派出士兵到處抓胡人，當作奴隸賣掉賺錢。石勒長得高
鼻樑深眼窩，一看就是個胡人，於是就被抓住，戴上木枷，賣往山
東去了。石勒稀裏糊塗成了奴隸，心裏真是又急又氣。到了山東

後，石勒被賣到地主家裏種地。地主見他談吐不俗，聰明機靈，覺得他是能做大事的人，於是就把他放了。

恢復自由身的石勒卻不知道該去哪了。這時候，他憑着自己會相馬的本事，認識了附近馬場的主人汲桑。汲桑雖然只是個小土豪，但很想做出一番大事業。他結識了石勒之後，召集起窮苦的老百姓，組成了農民起義軍，開始攻打附近城鎮。每打下一處，他們就開倉放糧，吸引流民加入他們的隊伍。連打了幾場勝仗之後，汲桑自稱大將軍，任命石勒當前鋒，兩個人可真是意氣風發。可這支起義軍終究是東拼西湊的雜牌軍，隨後朝廷派兵前來鎮壓，汲桑戰死，石勒帶着殘兵敗將逃進了山裏。

過了一段東躲西藏的日子後，石勒心裏開始盤算接下來去哪裏。向朝廷投降肯定是死路一條，回家鄉種地也不可能了，他靈機一動：不如去投奔劉淵。這個劉淵是誰呢？大家還記得滅掉西晉的漢趙嗎？劉淵就是漢趙的開國皇帝。那時候他還沒建立漢趙，正在招兵買馬，見到石勒帶來一支軍隊，高興地接納了他們。

在劉淵麾下，石勒混得風生水起，充分展示出了他帶兵打仗的本事。石勒在農民起義軍中就打過大大小小無數的仗，到了劉淵這裏，當然就成了他的得力幹將。當時敵軍只要聽說石勒的軍隊要打過來，便嚇得半死，很快就投降了。而私下裏，石勒卻打着劉淵的旗號招兵買馬，加緊擴充自己的軍隊。他不僅收編了大批的胡人武裝，還趁機吞併友軍，短短幾年就擁有了十萬大軍。

石勒為劉淵立下了汗馬功勞，幫劉淵建立漢趙，讓後來繼位的劉聰坐穩了皇帝的寶座。可是，他的內心也漸漸發生了變化。這時的石勒早已不是只求吃飽穿暖的胡人小伙子了，如今的他手握重兵，連皇帝劉聰也要敬他三分。說到這裏，你猜石勒想不想更進一步，自己當皇帝呢？他當然想當皇帝了，他聽從謀士的建議，佔據了現在的河北邢台一帶，成了一方霸主。又過了幾年，劉聰病死，石勒已經完全不把漢趙放在眼裏了，他自封為大單于、趙王，建立了「後趙」，後來又正式稱帝。

石勒不光是一個有野心、會打仗的人，在治理國家上也很有一套。石勒自己不認識漢字，就讓身邊人給他唸史書，學習裏面的治國經驗。正因

為如此，他尊重知識分子，善於聽取謀士和大臣們的建議。他還非常重視文化教育，在全國各地設立學校，讓軍官和貴族的孩子上學讀書，為國家儲備人才。同時，石勒減輕稅賦，鼓勵農民們耕地種桑，讓他們儘快富起來。在他的治理下，後趙用了十年的時間就迅速富強起來。

「黃瓜」名字的由來

　　我們平日吃的青瓜也稱為「黃瓜」，它最早叫作「胡瓜」，是漢武帝時期張騫出使西域帶回中原的。石勒身為羯族人，內心反感「胡人」這種蔑稱，所以禁止百姓說「胡」字。有一次，石勒指着一盤胡瓜問大臣樊坦：「這是甚麼東西？」樊坦知道石勒是在考驗他，便恭恭敬敬地回答說：「玉盤之中所盛的是黃瓜。」石勒對這個回答非常滿意。從此以後，「黃瓜」這個稱呼就流傳開了。

當時的世界

　　330 年，石勒正式稱帝。同年，羅馬皇帝君士坦丁一世把首都從羅馬遷到拜占庭，取名為君士坦丁堡。

祖逖北伐

聞雞起舞的青年 ·

　　我們中華民族是一個眷戀故鄉的民族，不管其他地方多麼美麗富庶，我們仍然希望世世代代生活在家鄉的土地上。還記得我們前面講的「衣冠南渡」的故事吧，西晉末年，大批北方的百姓被迫遷徙到南方，他們心裏同樣也思念着家鄉。然而令人遺憾的是，北方已經被各個少數民族政權佔據，要想奪回北方的土地，就需要有勇有謀的人來領兵打仗。在東晉，還真出了這樣一位大將軍，他就是祖逖（tì，粵音倜）。

　　祖逖出生在現在的河北淶水，祖先是當地的名門望族，每一代都有人做高官。祖逖從小就慷慨熱情，聽說誰家生活困難，他就會送去錢財，幫助鄉親渡過難關。再長大一些，祖逖就開始讀書習武，長成了一個文武雙全的優秀少年。鄉親們都認為他將來一定會大有一番作為。

　　關於祖逖的勤奮好學，有一件非常有名的事。祖逖剛進入官場時，和好友劉琨（kūn，粵音坤）一起在縣衙做文書工作。他們倆住在同一間

宿舍，關係非常好，有時間就在一起談理想，希望今後能振興西晉。有一次，祖逖在睡夢之中隱隱約約聽到了公雞鳴叫的聲音，他立刻翻身起牀，還叫醒了劉琨。劉琨迷迷糊糊地披上衣服，走到院子裏一看，天還沒亮，就準備回去接着睡覺。祖逖卻認為，公雞每天大清早就開始鳴叫，這是老天在激勵自己要努力上進，勤練武藝，將來好報效國家，於是便和劉琨約定，以後聽到雞鳴叫就起牀練劍。從此以後，兩人不論嚴寒還是酷暑，每天早起練劍，成了文武雙全的青年才俊。

祖逖雖然有一身本領，可單靠他一個人，當然無法抵擋外敵入侵。當時，漢趙軍隊洗劫了國都洛陽，祖逖和鄉親們為了躲避戰禍，只好踏上南遷的路途。一路上，祖逖熱心幫助同行的人，他把車馬讓給老弱傷病，還多次擊退攔路的劫匪，大家對他心服口服，一致推舉他做領頭人。祖逖在南遷途中的表現傳到了司馬睿的耳朵裏，司馬睿覺得這是個有用的人才，到了江南就封他做了官。

司馬睿在江南站穩腳跟後，只想把這裏管理好，完全沒有收復失地的打算。他身邊的人也明白他的意思，對北伐的事一個字都不提，只有一腔赤誠的祖逖真心希望北伐。他向司馬睿進言說：「如今，北方百姓生活在敵人的鐵蹄之下，時刻盼望着朝廷出兵去解救他們。我們若在此時北伐，百姓一定會積極響應，和我們並肩作戰，收復失地就指日可待了！」這一番話說得慷慨激昂，可在司馬睿聽來卻分外刺耳，但是又不能不應付，於是便封祖逖為奮威將軍、豫州刺史。

祖逖的官職聽着威風，卻是個「光桿司令」，司馬睿只撥給他一千個人的口糧和三千匹布作為軍餉，實際上連一個兵也沒給，讓他自己想辦法招兵買馬，製造武器。這件事如果發生在別人身上，肯定就心灰意冷了，但是祖逖卻帶上跟自己南遷的同鄉，製造了一批戰船，真的向北方進發了。

軍隊渡江時，祖逖望着北方的大好河山，不禁感慨萬千，他用力拍打着船槳發誓：「如果沒能收復中原，拯救生靈塗炭的百姓，就讓我像這長江水一樣有去無回！」士兵們聽後都情緒高漲，鬥志滿滿。

祖逖的軍隊靠岸後，開始製造武器，招募士兵，聯絡當地的武裝力量。打仗時，祖逖有勇有謀，沉着指揮，經過一番苦戰，終於收復了豫

州。在這裏，祖逖和後趙軍隊正面交鋒，兩軍相持了四十多天，雙方的糧草都快耗盡了。在這樣的危急關頭，你猜猜祖逖想出了甚麼好法子？他讓士兵用糧食口袋裝了許多袋沙子，再派出重兵押運，但只有隊尾的幾名士兵運送的才是真正的糧食。祖逖特意吩咐他們，在運糧途中要裝出疲憊不堪的樣子，引誘敵人來搶糧。運糧當日，敵軍將領桃豹果然中計，派人搶走了那幾袋真正的糧食，由此推測晉軍的糧草還很充足，心裏不由得打起了退堂鼓。為了穩定軍心，後趙皇帝石勒調運了一批糧草送來，沒想到半路上全被祖逖劫走了。結果，糧草不足的後趙軍被晉軍殺得大敗，祖逖一舉收復了黃河以南的大部分土地。

然而祖逖做夢也想不到，北伐的阻力不僅來自敵軍，還來自背後的東晉朝廷。祖逖北伐立下大功，晉元帝司馬睿卻坐不住了，他擔心祖逖會造反，便派了另一個將軍到前線指揮作戰。祖逖一下就明白了，這是皇帝對自己生了疑心，心裏十分不痛快。隨後朝廷內部又發生了內鬥。眼見着收復北方還任重道遠，而朝中卻已經開始爭權奪利，祖逖心灰意冷，不久就病逝了。

得知祖逖去世的消息後，後趙軍趁機反撲豫州。而東晉軍中沒有比得上祖逖的帥才，沒過多久，祖逖收復的大部分土地都被後趙奪了回去。祖逖的北伐事業最終在後人的手中功虧一簣。

知識加油站 科學

魏晉時期馬鐙出現了

考古學家從東晉琅琊王氏家族墓羣中出土了一件陶馬，馬鞍上就有馬鐙。大約在戰國時期，人們為了騎馬時能在馬背

上坐穩，發明了馬鞍，但是馬跑起來，士兵在馬背上顛簸，尤其是在混亂的戰場上，穩定性仍然不足。西晉時期有了單馬鐙，但僅僅是為了方便士兵上馬，直到東晉時，才發明出了雙馬鐙。有了它，士兵在馬上便可以保持平衡，大大提高了騎馬時的穩定性。

慕容氏建立燕國

「姍姍來遲」的燕國

在北方少數民族紛紛進入中原建立國家的時候，有一個少數民族卻表現得很特別，這個民族不但對晉朝忠心耿耿，還在晉朝困難的時候積極幫朝廷解決困難。這就是鮮卑族的慕容部。

慕容部是鮮卑族中的一支，之前一直在遼東一帶過着游牧生活。晉武帝時期，這個部落出現了一個了不起的人物——慕容廆（wěi，粵音毀）。他當上單于後，非常想證明自己的能力，因為和鮮卑族另一個部落宇文部有世仇，他就給朝廷打了個報告，說要去打宇文部，結果被晉武帝

駁回了。慕容廆便發起脾氣來，率兵進犯附近的遼西郡，劫掠一番後揚長而去。消息傳到晉朝，晉武帝覺得這個蠻人實在太放肆了，應該管教一下，便派兵攻打慕容廆，打敗了他。沒想到，慕容廆只老實了一陣子，便又開始滋擾周邊部落，甚至把一個叫扶餘的王國直接滅了。扶餘王子沒有辦法，只好向朝廷求救。

　　這一次，晉武帝決定徹底把他打服，便派出精鋭部隊大破鮮卑騎兵。大家猜一下，吃了敗仗的慕容廆有沒有恨上晉朝呢？沒有，不僅沒有，他還恭恭敬敬地向晉武帝投降請罪。晉武帝對慕容廆十分讚賞，封他為鮮卑都督。

　　有了晉朝做靠山，慕容廆完全像是變了一個人，他不再想着去打別人，而是開始不斷學習，大力進行改革。可能是看到了晉朝強大，覺得漢文化很先進，他便把部落遷到了今天遼寧省義縣一帶，臨近漢民族聚居地，一改原來打獵放牧的生活習慣，學習漢族人民，鼓勵部眾種田織布，過上了定居生活。不僅如此，他還學習了晉朝的法律，在部落中推行，僅用了幾年時間，就使部落強大起來。

據説有一次，山東、河北一帶遭遇水災，糧食緊缺，慕容部經過幾年的積累，不僅沒有受到影響，還開倉放糧，賑濟災民，幫朝廷分了憂。

「八王之亂」時期，大量流民來到慕容部。慕容廆把他們安頓在自己的領地上耕種，還給予了稅賦減免優惠。這也進一步促進了慕容部的發展壯大。

慕容部強大後，慕容廆仍然注意和晉朝搞好關係。他聽從部下的建議，覺得琅琊王司馬睿在江南發展得不錯，應該抓住機會，早日和司馬睿搭上關係。東晉建立後，後趙的石勒派使者和慕容廆商量，想要與他聯手南下滅掉東晉。慕容廆並不理會他，還把石勒派來的使者綁了，送到建康聽候處置。

慕容廆去世後，他的兒子慕容皝（huàng，粵音訪）繼承了他的職位。337 年，慕容皝建立「前燕」，自封為燕王，把都城定在棘城（今遼寧省義縣西）。

這時候慕容皝翅膀已經硬了，不過他還是老老實實地向東晉俯首稱臣。這就是古代兵法裏的一招——遠交近攻。前燕和東晉相隔很遠，暫時沒有利益衝突，所以慕容皝願意和東晉交好，這樣就不會引得東晉出兵來討伐。而前燕真正的心腹大患是相鄰的後趙。這時後趙雄踞北方，對前燕造成了很大威脅，慕容皝就在心裏盤算着怎樣擊垮後趙。

為了儘快拔除後趙這個眼中釘，慕容皝兵行險招，想出了一個一石二鳥的計策。此時後趙的皇帝是石虎，慕容皝就派人聯絡他，約他一起攻打鮮卑部落的另一支段部，事成後瓜分段部。石虎信以為真，親自率領軍隊出征，打得段部首領段遼節節敗退。然而令他惱怒的是，始終不見前燕軍隊趕來會合。原來，就在石虎和段遼正面交鋒的時候，慕容皝的軍隊卻忙着劫掠段部的人口，連同戰利品一起運回國內。

石虎感覺自己被耍了，一怒之下領兵打到前燕國都棘城，逼慕容皝出城投降。慕容皝見到石虎這副氣急敗壞的樣子，知道時機已經成熟。他派兒子慕容恪（kè，粵音確）率騎兵在清晨突襲後趙軍隊，衝散敵軍後，斬殺、俘虜了三萬餘人，緊接着又在半路伏擊了後趙的援軍。就這樣，慕容皝先藉後趙的力量消滅段部，緊接着又殺得後趙片甲不留。這次大戰使慕

容廆一戰成名。此後，前燕軍隊屢戰屢勝，每次都能劫掠到上萬人口遷入國內。

慕容皝善於打仗，卻並不暴虐。在治國上，他積極採納大臣們的建議，繼續貫徹慕容廆重農耕、輕徭役的政策。為了安頓劫掠來的農戶，他下令把皇家的土地分給農民耕種，還把黃牛借給各家各戶用於耕地。在文化教育方面，他設立官學，安排大臣的子弟入學讀書，還親自編寫教材，開班講課，學生多達上千人，促進了鮮卑族的漢化。前燕在這個時期因此得到了蓬勃發展。

慕容氏建立的前燕固守在東北一帶，先後攻打鮮卑族各部，還打敗了高句麗，促進了民族融合，為北方各民族的統一做出了貢獻。

魏晉時期的教育

西晉時期創立了國子學，這是由政府興辦的官學教育，規定只有五品及以上官員的子弟才能入學。東晉時期，恢復了漢代的太學，六品及以下官員的子弟可以入學，形成了國子學和太學並立的局面。學校主要講授「四書五經」等儒家經典，仍然針對士族子弟開展文化教育，並不是政府辦學實現全民教育。十六國時期，後趙的石勒、前燕的慕容皝也設立了官學，促進了漢文化的普及，為以後的民族融合奠定了基礎。

當時的世界

325 年，東晉意識到慕容廆鎮守北方的重要性，加封他為侍中。同一年，在君士坦丁一世的推動下，羅馬帝國召開了「尼西亞大公會議」，駁斥了起源於埃及的亞流教派，討論並通過了正統的基督教教義，對後來基督教的發展產生了深遠的影響。

前秦的建立

將改革進行到底

　　大家還記得我們前面講到的後趙皇帝石勒嗎？他出身羯族，一直被漢族百姓稱作「胡人」，因此他當皇帝後，最討厭別人提「胡」字。不僅是他，五胡十六國時期，很多政權都處理不好少數民族和漢族的關係，這讓各民族之間的矛盾越來越多。不過，當時有一位叫苻（fú，粵音符）堅的皇帝非常開明，他大力推行儒學，打破民族之間的界限，任命漢族人做大官，讓自己的國家變得空前強大。這次，我們就來講講苻堅和他的漢人丞相王猛的故事。

　　苻堅所在的國家名叫「前秦」，是由氐族的苻氏建立的。苻堅從小就生得聰明伶俐，在他八歲的時候，有一次，他向爺爺苻洪請求，想找一位老師學習讀書寫字。苻洪非常意外，因為氐族向來以武藝、馬術論英雄，而苻堅小小年紀，卻提出要像漢人一樣學習文化知識，見識實在是不一般。苻堅讀書後，深受儒學熏陶，知道了歷史上的很多故事，也明白了很多治國的道理，他立志要把北方各民族聯合在一起，像一家人一樣和平相處。

　　苻洪死後，苻堅的叔叔苻健南征北戰，建立了前秦。可是沒過多久，苻健一病不起，臨死前把皇位傳給了兒子苻生。這時苻堅已經成為東海王，輔佐堂兄苻生。苻生這個人四肢發達，是個帶兵打仗很勇武的將領，可是他喜怒無常，不懂得如何治理國家，經常一言不合就殺人。在他的朝堂上，侍衛都刀出鞘，箭上弦，一片刀光

劍影，嚇得大臣們大氣都不敢出。

有一次，苻生問大臣們：「你們覺得我這個皇帝怎麼樣呀？」大臣們都知道他性格暴躁，有個人就揀好聽的話說：「皇上英明神武，是前所未有的明君。」苻生一拍桌子，生氣地說：「哼，馬屁精，拉下去斬了。」侍衛就把那個大臣拖了出去。看到這一幕，其他大臣嚇得瑟瑟發抖，話都說不俐落了。苻生又問另一個大臣，那人只好小心翼翼地說：「陛下，有時候您的刑罰是有點嚴厲了。」苻生覺得這個大臣的言下之意是他是暴君，勃然大怒，把這個大臣也殺了。

苻生即位以後，前前後後殺了幾千人。你可能會想，苻生這樣殘害臣民，他就不怕百姓造反嗎？實際上，不要說臣民，就連皇親國戚也看不慣他這樣。苻堅眼見百姓們生活在水深火熱之中，決心要推翻這個暴君。他到處尋訪人才，經人介紹，得知有個叫王猛的

大才子隱居在山裏，於是趕忙去拜訪。兩個人一見如故，暢談天下大事。在符堅的再三請求下，王猛同意輔佐他。不久後，符堅發動政變，廢掉了暴君符生。

　　符堅即位後，立刻封王猛做了中書侍郎，開始大刀闊斧地推行改革，矛頭直指那些目無王法的貴族和大臣。符堅為甚麼這麼急於改革呢？原來，前秦建國不到十年，國家還沒有積累多少財富，可一些皇親國戚、元老重臣就開始動用特權，貪污腐敗，霸佔百姓的錢財。他和王猛一商量，這樣下去不行啊，任由貴族豪強胡作非為，天下遲早大亂。

　　於是，符堅先從前秦國都周邊開始治理，任命王猛做始平縣的縣令。可是沒過多久，王猛就被關進囚車，押送回國都受審。符堅聽説後，趕忙跑到監獄責問王猛，問他究竟發生了甚麼事。原來，始平縣當地的貴族豪門欺壓百姓，弄得怨聲載道。王猛剛到當地上任，就當眾懲治了一個官吏，把他鞭打致死。當地的豪強橫行霸道慣了，看到王猛執法嚴苛，不講情面，便向上級誣告王猛殺人，把他抓起來下了獄。王猛身在監牢，卻毫不後悔，他耿直地説：「陛下，始平縣屬於無法無天的地方，必須用嚴刑峻法才能整頓。您立志要推行法治，現在我才殺了一個人您就來興師問罪，那您還不如判我有罪，把那些貪贓枉法的官都留下。」符堅了解了事情的來龍去脈後，連忙安撫王猛説：「愛卿真是千古難遇的賢臣啊！」當場恕他無罪。

　　此後，符堅屢屢提拔王猛，這讓一些功勳元老又是生氣，又是眼紅。有個叫樊世的老臣，曾跟隨開國皇帝符健打過仗，他看到王猛毫無軍功卻步步高升，心裏很不服氣。有一次，樊世在皇宮大殿上和王猛公開叫板，兩個人當着皇帝的面吵了起來。符堅覺得必須滅一滅這些貴族官員的囂張氣燄，於是下令處決了樊世。

　　後來，符堅更是在一年之內給王猛升了五次官。王猛也沒有辜負符堅的信任，繼續重拳出擊，幾十天內就殺了二十多個欺壓百姓的貴族和大臣。那些平日不可一世的貴族豪強看到王猛雷厲風行，皇帝又明顯給他撐腰，頓時夾起尾巴，變得老老實實。這讓飽受欺壓的百姓們都拍手稱快。

　　符堅還興修水利，大力發展農業。每到春天，他都親自耕田，皇后則

親自養蠶，以鼓勵百姓。苻堅還在文化教育方面投入資源，下令興建太學和地方學校，推廣儒學，促進民族融合。幾年時間裏，前秦上下就氣象一新，進入了空前繁榮的時期。

晉代的舞蹈

晉代的舞蹈主要有南北方之分。北方的舞蹈在兩漢、三國流傳下來的舞蹈基礎上改編，有《明君》、《聖主》、《杯盤舞》等。還有舞者戴着面具，揮舞長袖，用抬腿收腿等動作模仿鳥類行走飛翔的舞蹈。隨着北方少數民族政權紛紛建立，南北音樂和舞蹈上的交流也越來越頻繁，出現了富有異域風情的《西涼樂》。南方的舞蹈主要繼承三國時代的東吳。代表作有《白紵（zhù，粵音柱）舞》，表現的是織布女工的工作場面，舞者舞動長袖，舞姿飄逸，頗受貴族豪門的青睞。

當時的世界

375 年，與苻堅聯手改革，令前秦變得十分強大的王猛去世。這一年，匈奴人打到了歐洲，他們在現在的烏克蘭境內先後打敗了東哥德人和西哥德人。匈奴大單于阿提拉強悍的戰鬥力給歐洲人留下了深刻印象，從此有了「上帝之鞭」的稱號。

東山再起的謝安

「宅男」就業記

　　大家還記得前面講過的竹林七賢嗎？那七個人不願意向強權低頭，大多拒絕入朝當官，成就了一段佳話。在東晉歷史上，有一個叫謝安的人，也是千方百計地逃避做官，一心想着遊山玩水，氣得朝廷都想把他抓起來了。

　　這個謝安出身於東晉的名門世家，家族當時的社會地位可以說相當高，有多高呢？還記得輔佐司馬睿建立東晉的王導嗎？他出身琅琊王家，而謝家和王家這樣有權有勢的大家族齊名，被人們並稱為「王謝」，都屬於百姓眼中的豪門貴族。謝家的男子都在朝中做官，可唯獨出了謝安這個「另類」。

　　謝安才思敏捷，寫得一手好字，是當時有名的大才子。前面說過，在魏晉時期，這些名門子弟要做官很容易，只需和地方官員打個招呼，自然有人給他們安排好一切。而像謝安這樣的大才子，更是有大小官員特地來家裏「挖人」，來請他去做官的人都快踏破他家的門檻了，可都被他拒絕了。後來，他實在禁不住縣官催促，勉強當了一個多月的官，馬上就又辭官回到家裏繼續「宅」着。有的官員看他這麼不識抬舉，上書朝廷說他傲慢無禮，應該抓起來終身監禁。謝安聽說後，立刻躲到會稽郡的東山隱居去了。

　　謝安在東山過得更加舒適，他和大書法家王羲之以及一輩文人墨客交往，每天寫字作詩，捕魚打獵。不過雖然人在山野，其實他非常通透，對天下局勢和自己的處境心知肚明。有一次，他的妻子實在看不下去了，苦口婆心地勸他說：「你家兄弟個個都做高官，享富貴，你難道甘心一輩子這樣混日子嗎？」謝安聽了唉聲歎氣地說：「唉，我命裏是躲不過富貴命和勞碌命的，現在我是能逍遙一天算一天。」

　　四十歲這年，謝安終於提出要做官，成了轟動朝野的大新聞。他為甚

麼突然一下想開了呢？這背後的原因其實很無奈。原來，他的弟弟謝萬在
一次北伐中打了敗仗，直接被朝廷免官，廢為了庶人。這時候放眼望去，
謝安的哥哥、堂兄都已經去世，謝家在朝中已經沒甚麼權勢了，如果他再
不出山，謝家很可能從此就衰落了。

聽說謝安要當官，他的朋友們感到由衷的高興，紛紛趕來送行。路上，有個朋友調侃他說：「我們常說，謝安不出山，天下百姓該怎麼辦呢？現在你做官了，這下百姓可有指望了。」因為他一直隱居在東山，所以人們就把謝安做官稱作「東山再起」。

謝安出山做官後，投到了大將軍桓溫的帳下。當時的桓溫手握重兵，權傾朝野，在他手下做官那可是熱門職位。然而，謝安只做了一年，就藉口兄弟去世，要回家奔喪，辭職離開了。你可能覺得，謝安想要重振謝家，仗着桓溫的權勢，不是很快就能實現嗎？可是謝安卻看出桓溫不僅想做權臣，他甚至有篡位做皇帝的野心，這才果斷地離開了他。

不久，當時的丞相推薦謝安當了吳興太守。到任後，謝安兢兢業業，使當地百姓生活得十分安逸。隨後謝安升了幾次官，一直做到了吏部尚書，這個官職負責全國官員的考核，掌握官員的升職免職，可以說是舉足輕重。然而這時候，東晉朝廷內部卻面臨着一個巨大的威脅，桓溫已經毫不掩飾自己的野心，公然廢立皇帝。更糟糕的是，桓溫立的簡文帝在位一年就死了，皇位傳給了年僅十歲的孝武帝。我們前面講過很多這樣的例子，在主幼臣強的局勢下，權臣很容易就能廢掉小皇帝，自己取而代之。在這樣的情況下，大臣們都隱隱覺得朝廷要變天，紛紛觀望桓溫會怎麼做。

接到新皇帝登基的消息，桓溫果然打着入朝輔佐皇帝的名義，率領大軍趕往國都建康。這時候太后下詔，讓朝中重臣謝安和王坦之出城迎接。詔令下來，王坦之臉色發白，感覺此去凶多吉少，桓溫多半會除掉自己和謝安。於是他趕緊找謝安想辦法，謝安卻沒有正面回答他，只是不緊不慢地說道：「我們這一去，可是肩負着晉朝的存亡啊。」

桓溫抵達建康南郊後安營紮寨，謝安和王坦之就帶領着文武百官去拜見。只是遠遠地看見桓溫過來，王坦之已經汗流浹背，嚇得手裏的手板都拿倒了。謝安回頭一看，好傢伙，文武百官竟然跪倒了一大片。眼見桓溫走到面前，謝安從容不迫，淡定地入席坐下。桓溫對謝安說：「這麼多年不見，你還是風采依舊啊。」謝安卻不跟他客套，直接一語道破：「大將軍您手握重兵，應該是用來守衛邊疆的，現在卻在這軍營圍牆後埋伏

士兵，您這是甚麼意思？」桓溫眼見被識破，大笑着說：「哎呀，你別多心，我這就讓他們撤了。」這次見面，桓溫和謝安暢談了一天。他看到謝安有勇有謀，頭腦清醒，到死都沒敢再動篡位的心思。

桓溫死後，謝安並沒有因為桓溫的過錯而為難桓家，相反，他還重用桓家的人。因為謝安知道，只有國家內部團結，人心穩定，才不怕外敵的進犯，所以他繼續任命桓溫的弟弟桓沖執掌兵權。桓沖也深明大義，不去和謝安爭權。東晉在謝安的治理下，形成了一個相對穩定和諧的局面。

知識加油站 制度

王坦之拿倒的手板是甚麼？

　　手板就是笏（hù，粵音忽）板，又稱玉板或朝板，是古代大臣上殿面君時的辦公用品。笏板呈長條形，長約 80 厘米，寬約 10 厘米，從側面看微微彎曲。古時候文武大臣上朝時，雙手執笏板站立，板子上可以記錄要上奏的話，也可以記錄皇帝的旨意。沒有事情上奏的時候，大臣要眼望笏板，不能到處亂望，更不能直視皇帝。

當時的世界

　　376 年，謝安任命桓沖鎮守四方。他們相互信任，東晉朝廷裏出現了「將相和」的局面。378 年，隨着匈奴挺進歐洲，被打敗的西哥德人和東哥德人一起湧進羅馬帝國境內，卻因為受到羅馬官兵的殘暴壓榨，發生了暴動。

淝水之戰

把草木當作了敵人

　　體育比賽講究的是公平競爭，在團體項目中，雙方參賽人數通常是相同的。可是打仗的時候，參戰雙方的兵力卻很容易出現不相當的情況，有時候甚至會相差非常大，因為誰都知道，投入的兵力越多就越容易取勝。然而在歷史上，東晉曾經僅僅用八萬人就打敗了前秦的百萬大軍。這一仗到底是怎麼打的，東晉軍隊是怎麼做到以少勝多的呢？

　　前面我們講到，前秦皇帝苻堅在王猛的輔佐下，把國家治理得越來越強大，還統一了北方各民族。這下，苻堅開始自我膨脹起來，想在自己有生之年統一全國。不過，王猛卻給他潑了一盆冷水，始終反對出兵伐晉。直到臨終，他還勸說苻堅：「陛下，你別看晉朝縮在江南那麼小的地方，就以為他們很好對付。江南一帶都是漢人，十分團結。我們雖然強大，但卻是由不同的民族組成的，一旦打起仗來，怕是要從內部先亂起來。」

　　王猛死後沒過幾年，苻堅終於還是按捺不住，提出伐晉。這一回，他的提議又遭到了包括弟弟苻融在內的大多數人的反對。可是苻堅已經鐵了心，他反駁說：「我有百萬將士，他們把手裏的馬鞭扔下去，江水都會被阻斷。有這樣的百萬雄師，還愁不能踏平江南，你們不要再說了！」最終，伐晉的事還是定下來了。苻堅開始調兵遣將，集中全國兵力準備伐

晉。他讓弟弟符融率領二十五萬士兵做前鋒先奔赴前線，自己則御駕親征，率領着數十萬大軍，浩浩蕩蕩地從長安出發。符融率領的先鋒軍銳不可當，一路上攻破了很多城池。

前秦大舉來犯的消息傳來時，東晉正是謝安在主持朝政。他任命弟弟謝石做大將軍，姪子謝玄為前鋒都督，率領着八萬精兵北上迎戰。過江之後，謝石手下的將領被困在硤（xiá，粵音匣）石（今安徽省淮南市），只好寫信向大部隊求援。

可是，這封重要的求援信卻被符融截獲了。他看到這支晉軍馬上就要斷糧了，心中大喜，馬上把消息報告給了符堅，請求速速出兵圍剿。符堅眼見勝利在望，高興得都坐不住了，親自率領八千輕騎兵趕到前線指揮。這時，他犯了驕傲自大的毛病，不僅沒有一舉出兵殲滅晉軍，還派尚書朱序去勸降謝石。

這個朱序並不是前秦人，他本來是駐守襄陽的晉朝將領，幾年前襄陽被佔領，他被秦軍俘虜，向前秦投降了。但朱序心裏時刻裝着東晉，藉着這次勸降，他終於有機會見到謝石。見面後，他一股腦兒地把秦軍的情報全說了出來，還不忘提醒謝石說，現在秦軍大部隊還沒到，應該主動進攻，先打敗他們的前鋒。如果等到前秦大軍抵達，那就一點勝算都沒有了。

於是，謝石派出五千精兵直抵洛澗，截斷秦兵的退路，殲滅了秦軍五萬人，還解救了硤石的晉軍。

晉軍反擊，秦軍大敗的消息傳來，符堅又急又氣。聽說晉軍正往淝水（今安徽省壽縣東南）趕來，他急忙登上城樓，向對岸張望。遠遠地只見晉軍軍容整齊，河邊停滿了戰船，再看山上草木搖動，以為漫山遍野都是晉軍。符堅大驚失色，對着符融抱怨道：「這分明就是一支勁旅，誰說他們好欺負來着？」實際上，對岸山林裏並沒有晉軍，符堅因為吃了敗仗，已經變得疑神疑鬼了。這就是成語「草木皆兵」的來歷。

接下來，晉軍發來戰書，要渡過淝水與秦軍決戰。在作戰會議上，前秦將領都堅持要把晉軍擋在河對岸，可符堅卻下令大軍後撤，他想在晉軍渡河時，突然發起攻擊，把晉軍都淹死在河裏。就這樣，幾十萬秦軍接到了撤退的命令。

你猜苻堅的計策有沒有成功？實際上，苻堅這是搬石頭砸自己的腳。在古代，命令都靠口頭和文字傳達，消息傳得慢，容易出現謠言。秦軍原本就打了敗仗，現在聽說要撤退，只顧四散逃命。而那個給謝石出謀劃策的朱序，這時候趁機在秦軍後方賣力誤導：「秦軍敗了，大家不要慌，有序撤退啊！」結果士兵們跑得越來越快。苻融看到秦軍大亂，想要趕去穩住陣腳，沒想到卻死在亂軍之中。

在一片兵荒馬亂之中，晉軍真的上岸了，開始追擊秦軍。秦軍士兵頭也不敢回，拚了命地跑，聽到風聲和鶴的鳴叫聲，都以為是晉軍追上來了。成語「風聲鶴唳」就出自這裏。皇帝苻堅也和大軍走散了，狼狽地逃回洛陽。秦軍在潰逃中死傷無數，等到苻堅聚攏殘兵時，百萬大軍只剩下十萬人。

「淝水之戰」，東晉大獲全勝，乘機收回了黃河以南的大片土地。

晉軍中的精銳部隊 —— 北府兵

北府兵是謝安的姪子謝玄創立的一支軍隊。謝玄在鎮守廣陵時，從京口、廣陵兩個地方招兵，這裏在東晉時稱為「北府」，北府兵也就由此得名。「淝水之戰」中，謝玄就是以北府兵作為主力擊敗了前秦軍隊，後來北府兵漸漸成為東晉軍隊的主力。

當時的世界

383 年，「淝水之戰」，前秦在這次戰役中大敗，戰後，前秦統治下的各族重新崛起，北方再次陷入分裂的局面。384 年，羅馬帝國與波斯薩珊王朝達成協議，將亞美尼亞一分為二，雙方各據一半。

拓跋部的崛起

落難王子建國記 · · · · · · · · · · · · · · · · · · ·

　　前秦皇帝苻堅不聽忠告，打了一
場大敗仗。很快，王猛生前預見的更糟
糕的事發生了，北方各部落趁着前秦國力
衰弱，紛紛脫離前秦的統治，北方重新陷入混亂。在這
些少數民族部落中，有一個鮮卑族的部落快速崛起，
一步步建立起了強大的北魏政權。

　　這個部落就是鮮卑族的拓跋部，他們原本生活在今天
的內蒙古境內，建立了一個叫「代國」的小國家。那時候，
前秦的苻堅當上皇帝不久，正在積極地統一北方各部落。

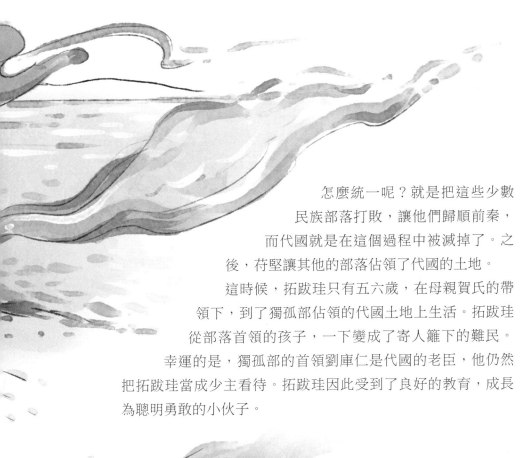

怎麼統一呢？就是把這些少數民族部落打敗，讓他們歸順前秦，而代國就是在這個過程中被滅掉了。之後，苻堅讓其他的部落佔領了代國的土地。

這時候，拓跋珪只有五六歲，在母親賀氏的帶領下，到了獨孤部佔領的代國土地上生活。拓跋珪從部落首領的孩子，一下變成了寄人籬下的難民。

幸運的是，獨孤部的首領劉庫仁是代國的老臣，他仍然把拓跋珪當成少主看待。拓跋珪因此受到了良好的教育，成長為聰明勇敢的小伙子。

然而好景不長，「淝水之戰」後，前秦無力控制各部落，部落間又開始打來打去，劉庫仁死在了混戰中，他的兒子劉顯成了部落首領。劉顯早就看不慣拓跋珪了，眼見他長得一表人才，生怕他將來要和自己搶位子，於是就想除掉他。拓跋珪的母親賀氏聽說劉顯要殺他，就讓他逃到自己的娘家賀蘭部。

　　拓跋珪在賀蘭部表現出色，十五歲的時候被各部落推舉為聯盟首領。幾個月後，他改稱魏王，建立了北魏。拓跋珪建國後大力發展農業，讓北魏逐漸強大起來。他還派兵兼併了周圍的獨孤部、高車、柔然等，北魏成了草原上的強國。

　　為了繼續壯大北魏，拓跋珪開始籌劃南下進入中原。而這時候慕容氏建立的後燕正佔領着中原的大塊土地，北魏和後燕之間遲早會有一戰。

　　幾年後，雙方終於大打出手了。後燕皇帝慕容垂年老多病，他派太子慕容寶率領十萬大軍，浩浩蕩蕩地向着北魏殺來。拓跋珪雖然一直和後燕較勁，但當對方真的大兵壓境，他卻沒有正面硬碰硬的勇氣，於是連忙帶着軍民，趕着牲畜，向黃河西岸轉移。渡過黃河後，拓跋珪就在岸邊安營紮寨，觀察燕軍的情況。只見慕容寶帶兵趕到後，很快就開始製造戰船，準備渡過黃河，來攻打魏軍。

　　那麼，你覺得拓跋珪應該繼續跑路嗎？當然不能跑。這時候如果再跑，就等於把更多的土地拱手送給後燕，今後拓跋珪想再奪回這些土地可就難了。可是如果和燕軍決一死戰，魏軍必然要付出很大的代價。

　　一個多月後，就在拓跋珪一籌莫展的時候，他手下的士兵抓到了後燕派來送信的使者。原來，他早就安排了人遠遠地繞到燕軍後方，去截獲情報。拓跋珪審問過使者後，知道了慕容寶出征前，後燕皇帝就已經生病。於是他將計就計，逼着使者給慕容寶傳遞假情報，說皇帝慕容垂已經死了。

　　幾天之後，燕軍營地果然發生了變化，燕軍收起帳篷，燒掉戰船，開始撤軍。拓跋珪遠遠望到戰船起火，決定乘勝追擊，殺燕軍一個措手不及。這時已是隆冬時節，又接連颳了幾天的大風，河面凍得堅硬無比。拓跋珪挑選了兩萬精銳騎兵，過河追擊魏軍。

慕容寶一心想着趕回國內，根本沒想到河水會結冰，還在有條不紊地撤軍呢。誰知道行至參合陂（今內蒙古涼城縣東），魏軍突然從山頭上冒出來，發動了突襲。燕軍頓時亂成一團，死的死，逃的逃，慕容寶在部下護送下拚死逃回了後燕。就這樣，後燕十萬大軍死了一半，剩下投降的也被拓跋珪下令處決了。

參合陂大敗讓後燕皇帝慕容垂始終嚥不下這口氣，第二年，他親自率兵伐魏。拓跋珪這次原本還是打算先撤退，還沒動身，就傳來了慕容垂的死訊。這回慕容垂是真的死了，他帶兵路過參合陂，看到了去年的戰場，想到自己十萬雄兵葬身此地，又傷心又氣憤，竟然把自己氣死了。燕軍見皇帝死了，頓時沒了頂樑柱，趕忙撤兵回國，擁立慕容寶當了皇帝。又過了一年，拓跋珪徹底滅掉後燕，佔據了黃河以北的大片土地。

獨特的鮮卑族女性

在拓跋部崛起的過程中，拓跋珪的母親賀氏在他青少年時期起到了關鍵作用。賀氏性格勇敢果決，但她並不是個別例子，當時的鮮卑族女性普遍都是這樣。她們從小就學習騎射，養成了彪悍果敢的性格。北魏漢化前，鮮卑族女性在家庭中地位很高，擁有自己的財產。性格獨立和經濟獨立，造就了她們追求自由愛情的婚姻觀，很多早期的鮮卑貴族都遵循一夫一妻制。

當時的世界

395 年，羅馬皇帝狄奧多西一世積勞成疾，臥牀不起。他在臨死前把羅馬帝國分給兩個兒子繼承，從此羅馬帝國分裂為東羅馬帝國和西羅馬帝國，國力日漸衰微。396 年，後燕皇帝慕容垂在討伐拓跋珪的途中病死。

不為五斗米折腰的陶淵明

田園裏的詩人 ∙∙∙∙∙∙∙∙∙∙∙∙∙∙∙∙∙∙∙∙∙∙∙∙∙

　　大家去公園觀賞過菊花嗎？每到秋天，一簇簇菊花競相盛開，特別好看。説到菊花，它還有一個著名的代言人呢，那就是東晉時期的大詩人陶淵明。據説他辭官回家，在房前屋後種了很多菊花，經常對着菊花飲酒賦詩，過着悠閒自得的生活。今天，我們就來講一講這位大詩人的故事。

　　陶淵明出生於東晉的官宦家庭，他的曾祖父是赫赫有名的東晉大將陶侃，他的爺爺和父親都曾當過太守。陶淵明的父親在他很小的時候就去世了，陶家家道中落，所以他小時候的生活很艱苦。可即便是這樣，陶淵明依然刻苦讀書，還立下了建功立業的遠大志向。

　　陶淵明二十歲時離開家鄉，外出做官，做過一些低級官職，二十九歲開始，他先後出任江州祭酒、建威參軍、鎮軍參軍等官職，每一次都是沒做多久就辭官離

去。你可能會以為，陶淵明是個做事沒有耐心的人，或者是看不上這些小官職。其實不是這樣，而是陶淵明在當官的時候，看到了官場昏庸腐敗、勾心鬥角的樣子。你還記得嗎？我們前面講到，北方的大片土地還被不同的民族佔領着，大將軍祖逖為北伐事業鞠躬盡瘁，可是在東晉內部，更多的官員卻在忙着窩裏鬥，每天都在算計自己的利益得失。眼見當官並不能實現自己的理想抱負，陶淵明深深地感到失望，這才三次辭官，遠離黑暗的官場。

但是，在四十一歲那年，因為家裏實在是窮得吃不上飯了，陶淵明只好再次出來當官，做了彭澤縣令。有一次，上級派了一位督郵來彭澤縣視察，這個督郵是遠近聞名的貪官，每年都藉着視察的名義向各縣索要賄

賂，誰要是不肯出錢，他就到上級面前去誣告，弄得各地官員都是敢怒不敢言。

這次，督郵剛到驛館，就點名要求陶淵明前去接待。當時陶淵明上任才不過八十多天，雖然早就聽說了這位督郵的惡名，心裏已經非常反感，可是為了生計，只好忍着心裏的不痛快，整理衣冠，準備出門。沒想到，縣衙的差役趕忙跑來攔住他說：「大人，且慢出門。您去拜見督郵大人，要穿上官服、束上腰帶再去啊。不然以那位督郵大人的性子，可是會藉機找您麻煩的呀。」陶淵明聽到這裏，再也壓抑不住怒火了，義正詞嚴地拒絕道：「那就乾脆不見他，我怎麼能為了五斗米的俸祿，就向這種勢利小人卑躬屈膝呢！」說完就交了官印，大筆一揮寫下辭職信，瀟灑地辭官回家。

陶淵明離開官場後，感到心情舒暢，寫下了著名的《歸去來辭》，講述自己過上了理想中的生活，獲得了精神上的滿足。就這樣，他每天與妻子一起農耕勞作，休息的時候可以眺望遠處壯麗的山巒，聽着飛來飛去的鳥兒歌唱，感覺生活既充實又愜意。他還特意在農田附近栽種了許多菊花，時常把菊花寫進詩中，歌頌其堅韌孤高的品格。

這種隱居山野田間的生活看上去美好，可實際上，陶淵明靠種地養活一家人，日子過得十分清貧。人們讀到陶淵明的詩詞和文章，仰慕他的才華和志向，紛紛趕來勸他再出山做官。

陶淵明四十四歲的時候，家中遭遇火災，房子被燒沒了。禍不單行，那年收成也不好，一家人只好挨餓受凍，一度到了斷糧的地步。

陶淵明五十多歲的時候，東晉的大將軍劉裕逼迫晉恭帝退位，建立了劉宋，東晉至此滅亡。隱居了十幾年的陶淵明，眼見改朝換代，心裏百感交集，寫下了《桃花源記》，描繪了一個沒有朝代更替，沒有苛政賦稅的世外桃源。他還把自己的名字改為「潛」，表達了他不出去做官，在鄉野間隱逸的決心。

陶淵明晚年時，江州刺史檀道濟慕名前來拜訪他，並給他送來了米和肉，還勸他說：「我知道賢者處世，在亂世的時候歸隱，在世道太平的時候出仕。現在天下太平，您何必過得這樣困苦呢？」的確，這時候沒有戰

亂，百姓生活安逸，可是陶淵明不願回到處處算計的官場，於是婉言謝絕了檀道濟的接濟。就在這一年，陶淵明去世。

陶淵明一生創作了很多詩歌，還留下了幾篇著名的散文。他把淡泊名利的思想融入自己的文學創作，影響和鼓舞了一代又一代文人。他的崇高品格也為後人樹立了榜樣，讓人們在喧囂的世界中，心中始終能保留一片淨土。

「五斗米」有多少？

斗是容量單位，即度量衡中的量度單位，主要用於糧食的計量，一斗約等於 6.25 公斤。在晉朝，下級官員的工資就是糧食，所以陶淵明才說「不為五斗米折腰」，就是不願為這微薄的收入而向權貴屈服。

當時的世界

408 年，陶淵明家中遭了一場火災，房屋全燒光了，一家人被迫遷居。410 年，西哥德人攻佔西羅馬帝國，實施了三天的搶劫，搜刮走了大量金銀珠寶，還有絲綢和華麗的擺設。為了得到黃金，他們甚至不惜熔化金屬雕像。西哥德人的入侵對衰落的西羅馬帝國來說簡直是雪上加霜。

劉裕北伐

東晉最強戰神 . . . .

上個故事中講到，陶淵明聽説大將軍劉裕逼皇帝退位，感到又震驚又氣憤。劉裕最早是東晉一位戰功赫赫的將軍，他還主動北伐，憑藉實力扭轉了南北的局勢。

劉裕自幼家境貧寒，靠人接濟度日。長大成人後，劉裕為了生計四處奔波，他種地耕田、砍柴打魚，靠着勤勞的雙手生活。艱苦的生活並沒有磨滅劉裕的熱情，他為人豪爽大度，不拘小節，日子雖然過得清貧，但他始終有出人頭地的理想。

後來，劉裕決定通過從軍來實現理想。在當時，當官的機會大部分都是留給士族子弟的，像劉裕這樣的沒落寒門子弟很難有當官的機會，而當兵則可以憑藉軍功一步步升官，所以他才選擇通過這條途徑來實現理想。很快，機會就來了，東晉內部有人起兵造反，劉裕在戰鬥中表現出過人的才智和勇敢，立了很多功勞。同時，他也在一場場戰鬥中學會了帶兵打仗，平定了叛亂，挽救了司馬氏的統治。朝廷一再給他加官進爵，直到他擁有統領東晉八個州的權力，成了朝廷中舉足輕重的人物。

當時的皇帝有名無實，軟弱無能，真正的權力都掌握在各大世家手裏。他們之間明爭暗鬥，弄得朝廷烏煙瘴氣，對百姓則是盡力剝削，導致百姓生活艱難。於是，劉裕開始整頓朝政，督促百官各司其職，約束貪污

腐敗的行為。沒過多久，朝野上下煥然一新，文武百官對劉裕都佩服得五體投地。

　　不過，如果你認為劉裕滿足於這樣的成績，那就大錯特錯了，他還有着一顆取代東晉政權、直接治理天下的雄心。而要實現這個目標，他就需要繼續建功立業，積累聲望。於是，他開始積極準備北伐。正巧，這時候南燕軍隊侵犯了東晉統治的淮北地區，大肆劫掠百姓的財物，甚至還俘虜了陽平和濟南兩郡的太守。劉裕見時機成熟，向皇帝請求出兵北伐，開始了第一次遠征。

　　劉裕率兵一路長驅直入，打得燕軍措手不及，還順手把燕軍的糧草搶了過來。劉裕趁着燕軍士氣低落，再次發動進攻，把燕軍逼回了南燕的都

城廣固（今山東省青州市）。南燕皇帝急忙向後秦求救。後秦派出使者求見劉裕，威脅道：「我們和燕國世代友好，如今燕國有難，我們一定會出兵援救。我勸你們晉軍早日退兵，否則，十萬秦軍就要來踏平你們。」劉裕卻毫不畏懼，冷笑一聲說：「好啊，我本想滅掉燕國後停戰三年，現在你們趕來送死，那我就不客氣了。」劉裕身邊的人聽到他回話這麼強硬，都替他捏了一把汗。使者走後，劉裕說出了其中的道理：「秦軍要是真想救燕國，早就派兵來攻打我們了，可他們現在卻派使者來警告我，可見是在虛張聲勢。」

之後，秦軍果然沒有出手相救。劉裕攻下了廣固城，活捉了南燕皇帝慕容超，南燕至此滅亡。劉裕的第一次北伐只花了十個月的時間就大獲全勝，還趁機收復了大片土地。

幾年後，後秦皇帝姚興去世，國內因為爭奪皇位爆發了內亂。劉裕看到這樣的大好機會，當即決定北上滅秦，第二次北伐由此拉開了序幕。

這一仗開頭打得很順利，劉裕手下的王鎮惡帶領先鋒部隊很快就佔領了洛陽。大軍在洛陽過冬後，第二年，劉裕親自率領八萬大軍，分水路和陸路進攻長安。為了直抵長安，劉裕向北魏皇帝請求借道，卻遭到拒絕。而且北魏皇帝十分不放心晉軍，還派出騎兵不時侵擾。一路上，水路乘船的晉軍不斷被魏軍襲擊，晉軍衝上河岸反擊，魏軍又逃之夭夭。這樣反反覆覆幾次，弄得士兵們心浮氣躁。眼見行軍速度被拖慢，劉裕想出了一個名叫「卻月陣」的陣法，要一次性解決魏軍。他把戰車背對河面排成弧形，立上盾牌保護士兵，吸引魏軍主動進攻，然後用弓箭、長槊（shuò，粵音 sok3）猛攻，憑藉這新奇的陣法，殺退了魏軍。

沿途的百姓看到晉軍的旗幟，知道是東晉朝廷派兵來解救他們了，紛紛拿出自家的糧食來支援晉軍，解了晉軍軍糧短缺之急。晉軍繼續前進，合兵一處，收復了河南。最終，晉軍攻進長安，後秦皇帝姚泓投降，東晉滅掉了後秦。

劉裕在北伐的同時，也沒有放鬆對東晉的治理。他一方面保留了世家大族的地位；另一方面則提拔了一批寒門子弟當官，讓真正有才能的人來治理國家。其次，他鼓勵南遷的百姓落戶，把豪強霸佔的土地分給農民，

並且減免稅收，提高百姓種地耕作的動力。

北伐大獲全勝，讓劉裕立下了東晉建國以來最大的功勞。由此，劉裕的聲望進一步提升，甚至被皇帝賜予了「九錫」的最高賞賜，還被封為宋王，封地達到二十郡。420 年，劉裕稱帝，改國號為「宋」，歷史上稱這個政權為「劉宋」，而東晉王朝就此滅亡，中國歷史進入「南北朝」時代。

劉裕稱帝後不改本色，依然過着儉樸的生活。他廢除苛政，降低租稅，讓百姓得以休養生息。令人惋惜的是，他在位僅僅三年就去世了。劉宋政權一共持續了五十九年，最終被南齊皇帝蕭道成取代。

劉裕獲得的「九錫」賞賜是甚麼意思？

「九錫」是皇帝給臣子的九種最高賞賜，包括車馬、衣服、虎賁（武裝衛士 100 人）、樂器、納陛（斜坡台階）、朱戶（朱紅色大門）、弓矢、斧鉞、秬鬯（jù chàng，粵音巨暢，祭祀用的美酒）。這些物件通常是天子才能使用，賞賜形式上的意義遠大於使用價值。

當時的世界

405—406 年，由於匈奴人一路長驅直入，法蘭西人、汪達爾人、蘇維匯人和勃艮第人都無法抵擋，只好渡過萊茵河逃難，開啟了歐洲民族大遷徙的時代。407 年，劉裕入建康，任揚州刺史、錄尚書事，控制了東晉朝政大權。

馮太后臨朝稱制

「千古第一后」

　　我們前面講過，漢朝有一位皇太后呂雉曾經把持朝政多年，開了後宮執政的先河。到了魏晉時期，皇后賈南風掌權，更是直接引發了「八王之亂」。在北魏歷史上，也出現了一位參與政治的女性，她就是馮太后。她一生輔佐三代皇帝，直接掌權達十五年，還收穫了後人的好評。她是怎麼一步步成為出色的政治家的呢？今天，我們就來講一講她的故事。

　　馮氏出身北燕皇族，在她小時候，北燕被北魏滅掉，她這個亡國的公主就成了北魏皇宮裏的小宮女。幸運的是，北魏的馮昭儀（昭儀，嬪妃的一種）是馮氏的姑姑，對她照顧有加，這才讓她平安長大。

　　馮氏十二歲時成了比她大一歲的文成帝的貴人，十五歲時被冊封為皇后。

　　馮皇后和文成帝不僅恩愛和諧，她還跟在皇帝身邊學習到了很多治理國家的方法。文成帝在位時，重用漢人官員，積極推行漢化，減輕百姓的稅賦徭役，使國力大大增強。可惜文成帝在二十六歲時突然去世，留下了馮皇后和年輕的太子。

　　「國不可一日無君」，太子很快就即位稱帝，這就是獻文帝，馮皇后
自然也就成了皇太后。然而，等待他們母子的卻是暗潮洶湧的朝局，當朝
丞相乙渾野心勃勃，想趁機篡權，把馮太后和小皇帝趕下台。在這危難時
刻，馮太后表現得有勇有謀，她表面上不動聲色，暗中卻聯絡了一批忠
心耿耿的大臣，突然出兵，殺掉了陰謀篡權的乙渾，捍衛了北魏皇室的
政權。

為了繼續輔佐皇帝，馮太后宣佈要「臨朝稱制」，這是甚麼意思呢？我們都知道，在古代，是皇帝在朝廷發號施令，但是也會有馮太后遇到的這種特殊情況，皇帝太小，還不懂得怎麼治理國家，這時就由皇太后上朝主持朝政，稱為「臨朝」，而以皇帝的名義發佈命令，就是「稱制」。

　　這是馮太后第一次臨朝稱制，只持續了一年多。不久，獻文帝的兒子出生，馮太后就交出了權力，回了後宮。

　　可讓人想不到的是，當初馮太后拚死保護的皇帝，親政後卻慢慢和她生出了矛盾。這又是為甚麼呢？原來，馮太后和獻文帝並不是親母子。獻文帝是一位李氏妃嬪的兒子。當初，文成帝為了防止外戚專權，就借鑒漢朝的規矩，立誰為太子，就殺掉其生母，太子則交給皇后撫養。

　　儘管獻文帝曾經和馮太后相依為命，可是隨着皇帝親政，他感覺到馮太后在朝廷中的影響力無處不在。獻文帝也是一位年輕有為的皇帝，按我們現在的話說，他當時正處在叛逆期，非常不服馮太后的管教，一直想辦法打壓太后的親信，提拔任用對自己忠心的臣子，弄得母子關係非常緊張。

　　走到這一步，馮太后既傷心又失望。於是，她逼迫獻文帝把皇位傳給四歲多的太子，即歷史上鼎鼎大名的孝文帝，自己老老實實地做個太上皇。然而，成為太上皇的獻文帝依然時常在朝廷露面，發號施令。最終，馮太后軟禁並毒死了獻文帝，徹底獨攬大權。

　　孝文帝即位後，馮太后的權力和地位又上升了，她成了太皇太后，再一次宣佈臨朝聽政。隨後，她上上下下推行了多次大刀闊斧的改革，讓北魏進入了高速發展的階段。

　　各項改革中最重要的是懲治貪污和分配田地。大家能想像嗎？北魏建國初期，朝廷是不給官員發工資的。那麼，官員靠甚麼養活自己呢？居然是靠貪污和掠奪百姓的錢財。大小官員瘋狂搜刮，把百姓逼得沒有活路，以致北魏頻繁爆發農民起義。馮太后仿效魏晉制度，制定了班祿制，就是讓百姓多交一點糧食和布匹，用來給官員發工資。如果官員領了工資再去貪污，就要治罪。這樣就管住了貪污之風，受到了百姓的擁戴。另外馮太后還推行均田令，就是把無主荒地分給農民，吸引百姓安家落戶，開荒種田，給國家創造財富。

在推行改革的同時，馮太后親自教導孝文帝治理國家之法。孝文帝對馮太后的雄才大略佩服得五體投地，祖孫倆並沒有產生矛盾。馮太后去世後，孝文帝繼承了她的政治理念，將國家治理得富有而強大。

臨朝稱制的十五年，馮太后對於穩固和發展北魏做出了巨大貢獻，被後人稱讚為「千古第一后」。

北魏的紡織技術

馮太后貴為太皇太后，又是當時實際的統治者，生活上卻提倡節儉。據史書記載，她平時穿着的是簡單的絲綢衣裳，衣服上沒有精緻華麗的刺繡和裝飾。當時，北魏的紡織技術已經具備一定的水平了，除了絲綢，人們還能紡織棉麻、羊毛線，做出各類紡織品。織布上也出現了很多花樣，紡織工可以織出不同的圖案。北魏的工匠還使用藍草、紅花等植物來染布。

當時的世界

476 年，馮太后毒死了獻文帝，再一次獨攬大權。西哥德統帥奧多亞塞推翻了西羅馬帝國的皇帝羅慕路斯·奧古斯都，掌握了意大利的統治權。西羅馬帝國的滅亡標誌着歐洲的古典時期結束，中世紀開始。

孝文帝漢化

好學漢文化的胡人皇帝

　　大家搬過家嗎？當我們決定搬家後，就要把所有的東西打包運走，還要和朋友告別，然後到一個新地方生活，這多少會讓人覺得有點不適應。北魏孝文帝統治時期，就有一次大規模的「搬家」行動。

　　我們前面講到馮太后盡心竭力教導孝文帝，傳授了他很多治國的方法。她還撰寫了許多文章教育孝文帝，這些文章裏融合了許多儒家文化。孝文帝從小耳濡目染，對漢族文化非常嚮往，認為只有漢化才能讓北魏變得更強大。

　　可實際行動起來，孝文帝卻覺得很難邁出漢化的第一步。因為北魏的國都是平城，也就是今天的山西大同。當時，平城偏僻寒冷，土地貧瘠，還時常爆發災荒。而且平城在中原以北，不方便管理中原地區，要南下進攻南朝，更是路途遙遠。相反，地處中原地區的洛陽就有很多優點，那裏氣候溫和，土地肥沃，交通四通八達，能接觸到更多的漢族文化，還方便向南出兵。所以，孝文帝就決定遷都。

　　想要遷都，就要想辦法説動王公大臣們，讓他們跟着自己一起走。你可能會問，皇帝要遷都，那不就是一句話的事，還有人敢違抗命令嗎？還真有。因為鮮卑貴族在平城生活了很長時間，他們的土地和產業都在這個地方，一旦遷都，他們的財產就會有損失，所以貴族和高官都不願意離開平城。

孝文帝執政多年，太明白大臣們的小心思了。於是，他不直接提出遷都，而是突然宣佈要出兵南伐。文武百官覺得這時候還不是南伐的好時機，心裏都不願意，但又不敢說出來。只有任城王拓跋澄（元澄），為人非常耿直，他直接站出來表示反對。孝文帝大怒：「國家是我的國家，你難道敢違抗我的旨意嗎？」說完就一甩袖子離開，直接退朝了。

可是退朝之後，孝文帝又召見了拓跋澄，跟他說了實話：「我剛才在朝中向你發脾氣，是怕文武百官都跟着你一起出聲反對。我不是要南伐，我是想要遷都洛陽，移風易俗，為以後進攻齊朝做準備。現在你明白我的意思了嗎？」拓跋澄明白了皇帝的良苦用心，帶着深深的佩服說道：「陛下的雄心壯志不是我們能揣測的，您放心，我一定全力支持您的決定。」

很快，孝文帝率領三十萬大軍南伐，走到洛陽一帶時，正好趕上秋雨連綿，道路泥濘，大臣和士兵一路行軍，都疲憊不堪，心裏都想着打退堂鼓。大家紛紛跪倒在孝文帝馬前，請求皇帝暫緩南伐。孝文帝板着臉呵斥道：「我要統一天下，怎麼能在這裏半途而廢？你們三番兩次阻撓南伐，到底存了甚麼心？現在給你們兩個選擇，一是遷都洛陽，以後再準備南伐；二是現在繼續趕路，一口氣打過長江去！」王公貴族們實在是不願意再往南走了，只好同意遷都洛陽。孝文帝的目的就這樣達成了。

遷都到洛陽之後，孝文帝開始積極推行漢化改革，首先就是要求朝廷官員全部學習漢語。今後在朝堂上如果有人說鮮卑語，三十歲以上的可以赦免，三十歲以下的就要降職或免官。這樣，全國人慢慢都可以用漢語交流了。

接下來，孝文帝下令命全國人改換成漢族打扮。原來鮮卑人穿的是窄袖子，短衣長褲，髮型則是披頭散髮，這樣方便騎馬射箭。改成漢族的服裝打扮後，人們就要把頭髮束起來，穿上寬袍大袖的衣裳，就連朝廷的官服也按照漢族的樣式重新設計。有一次，孝文帝騎馬走在洛陽街道上，看到了身穿鮮卑族服飾的婦女，便面露不悅，批評身邊的大臣說：「改換漢服這麼長時間了，國都洛陽竟然還有人穿鮮卑服裝嗎？」聽到皇帝言語裏有責怪的意思，任城王拓跋澄連忙解釋說，這樣的人只是少數。

之後，孝文帝再次下令，把鮮卑人的姓氏更改為漢姓。他還以身作

則，將自己的姓氏「拓跋」改為「元」，他改叫元宏。人們看到皇帝帶頭改姓氏，也紛紛仿效，一共有一百多個少數民族姓氏改為了漢姓。

除此之外，孝文帝還鼓勵胡漢通婚，大力發展儒家文化，興修孔廟、學校等，從生活的方方面面全面推行漢化。

孝文帝的不懈努力，促進了北方民族的大融合，緩解了尖銳的民族矛盾，加速了北魏的封建化進程，對中國歷史產生了深遠的影響。

頒行均田令

北魏初期，長年征戰使得土地荒蕪、地籍散亂，嚴重影響國家賦役的徵收，所以孝文帝時採用按人口分配土地的制度。按照規定，凡是年滿十五歲以上的男子，每人分配種植穀物的露田四十畝，女子二十畝，分配的田地不准買賣，年齡大了不能耕種或去世後要將田地歸還國家。第一次接受分田的男子，可以額外得到主要用於種植桑樹的桑田二十畝，這二十畝桑田可傳給子孫，不能買賣，但超過二十畝可賣，不足二十畝可以買。在不宜種植桑樹的地區，男子每人會額外分配種植麻的麻田十畝，女子五畝，規定和桑田一樣。新定居的民戶還可分到少量的宅田，每三口人一畝，終身不用歸還。

當時的世界

493 年，東哥德人狄奧多里克出兵意大利，並佔領拉文納作為首都，建立了東哥德王國。494 年，北魏孝文帝遷都洛陽。

雲岡石窟

絕美石窟的誕生

孝文帝為了紀念祖母馮太后，特意在洛陽城外開鑿了龍門石窟。孝文帝並不是南北朝時期第一個開鑿佛教石窟的皇帝，石窟是從他的祖父文成帝開始興建的。你可能會奇怪，佛教建築不都是寺廟嗎，這些石窟又是怎麼回事呢？這次我們就來講一講南北朝時期美輪美奐的石窟藝術。

北魏建立之初，對外需要擴張，國內需要生產，然而太武帝拓跋燾（tāo，粵音圖）發現，由於佛教盛行，寺廟佔有了大量耕地，還有人為了逃避兵役徭役出家做和尚，這就導致了國家「要人沒人，要錢沒錢」的局面。於是，太武帝一怒之下，下令「滅佛」，讓和尚還俗，把寺廟的土地收過來做耕地。就這樣，佛教的發展受到了打擊，而北魏卻慢慢強大了起來。

然而，到了太武帝的孫子文成帝這一代，他又重新尊崇起佛教。文成帝認為，佛教勸人行善，可以緩解社會矛盾，促進各民族和睦相處，所以他即位後開始積極復興和宣傳佛教。可是經歷了一輪「滅佛運動」，各地寺廟損毀嚴重，需要重建一批。那麼讓誰來主持興建寺廟和宣傳佛教的工作呢？文成帝在朝廷上下挑了又挑，一直沒找到合意的人選。

有一次出行，文成帝騎的御馬突然停下，咬住了一名僧人的衣服。文成帝和在場的人都嘖嘖稱奇，認為這匹馬有

靈性，識得高人。被御馬咬住的僧人法號叫「曇曜」，文成帝和他交談後，覺得這人談吐、見識不俗，就決定讓他負責推廣佛教的工作。

曇曜是一位信仰堅定的佛教徒，他經歷過「滅佛運動」，眼見眾多寺廟被摧毀，認為要想讓佛教流傳百世，應該把佛教場所建得更加雄偉壯麗、堅固結實。於是他參考了印度的佛教洞窟，決定在懸崖峭壁上開鑿石窟。

最終，曇曜決定在國都平城郊外的武州山開始第一批洞窟的開鑿，這就是雲岡石窟的開端。曇曜主持修建的五個石窟裏各有一尊大佛，象徵着拓跋珪以來的北魏皇帝，在大佛周圍，還有佛祖的弟子，各種飛天、力士。實際上，曇曜把北魏皇帝說成了佛的化身，而他周圍的人都要輔佐他，為他服務。這樣一來，老百姓來燒香拜佛，天長日久，就接受了這個觀念，也就更服從皇帝的統治了。

雲岡石窟的修建分早、中、晚三個時期，曇曜主持修建的是早期。這個時期的佛像高達十幾米，造型質樸莊嚴，高鼻樑深眼窩，異域風格明顯。到孝文帝遷都前，皇家繼續花費巨資在雲岡修造新的石窟。中期的石窟裝飾得富麗堂皇，有的大窟一面牆上佈滿情態各異的佛像，展現出當時工匠們精湛的造型藝術和雕刻技藝。孝文帝遷都後，皇家不再開鑿雲岡石窟，而權貴們則繼續跟風，開鑿了一些中小型洞窟。晚期的雲岡石窟佛像體格消瘦，慈眉善目，反映出雕刻藝術受到了孝文帝漢化的影響，吸收了漢族的雕刻技法，向着漢族的審美靠攏。

孝文帝遷都洛陽後，並沒有停止開鑿石窟，他選擇在洛陽城外的龍門山繼續修造。這時，北魏工匠修造石窟的技藝日趨成熟，不論是依山開鑿的巨型佛像，還是壁龕裏精緻小巧的佛像，雕刻起來都得心應手。

古陽洞是龍門石窟中最早修造的，洞中除了主佛像，還有大小佛龕數百個。每一個佛龕都裝飾精美，巧奪天工，有的還連成佛教故事的場景。北魏皇室和貴族在古陽洞花費了大量人力財力，經年累月地雕鑿，不僅展現了雕刻技藝，還融合了彩繪壁畫、北魏書法等藝術形式。在北魏石窟的基礎上，後來的隋唐皇室又進行了大規模的修建，形成了綿延一千米，雕刻着數以萬計佛像的大型建築羣。

你可能會奇怪，這些石窟裏除了雕刻和繪畫，怎麼還有書法作品呢，難道人們在牆壁上刻佛經嗎？原來，這些書法作品都刻在石碑上，內容是開鑿這一石窟的來龍去脈，主要是告訴後人這是哪位王公貴族花錢請人修建的。我們從這些故事裏就能知道石窟是如何一點點建起來的。

這些美輪美奐的石窟帶給了我們美的享受，可是對北魏的人民來說，卻是巨大的苦難。這話怎麼講呢？原來，當時僅為了開鑿龍門石窟的賓陽洞，就動用了八十多萬名工匠和民工，花了二十三年的時間才建造完成。

轟轟烈烈的石窟修建，掃除了太武帝時期「滅佛運動」的陰霾，把佛教又推向了一個新的高峯，也為後來北魏的內亂留下了隱患。

龍門石窟中的樂器

龍門石窟除了融會了建築、雕塑、繪畫、書法，還隱含了音樂。從浮雕壁畫上，人們可以看到眾多飛天手執樂器的演奏畫面。據統計，龍門石窟中共有 14 種樂器，如笙、簫、笛、琵琶、箏、鼓等，其中不少是由絲綢之路傳入，逐漸融入我國的傳統音樂。可見龍門石窟不單是一處宗教建築，更是文化藝術交流和呈現的殿堂。

當時的世界

493 年，法蘭克王朝的克洛維一世成為天主教徒，促進了天主教在西歐的傳播和發展。494 年，孝文帝正式遷都洛陽後，北魏皇室和貴族轉到龍門山營建石窟。

沉迷佛教的梁武帝

放着皇帝不當，甘願出家當和尚 ·············

　　南北朝時期，有個皇帝沉迷佛教，不僅下令修建了很多佛寺，竟然還四次出家當和尚。當時，國都建康的寺廟有五百多座，人們在都城裏隨處可見連成片的寺廟和寶塔。你可能覺得這沒甚麼，但是，當時的百姓卻因此生活在水深火熱之中。這又是為甚麼呢？我們這次就來講一講梁武帝蕭衍的故事。

　　梁武帝蕭衍是南梁的開國皇帝，他和南齊皇帝都姓蕭，都是蕭氏家族的成員。劉裕取代東晉後，只做了不到三年的皇帝就去世了。他的子孫一個不如一個，為了爭奪皇位不斷上演骨肉相殘的慘劇，當時有詩人寫詩諷刺說：「前見子殺父，後見弟殺兄。」最終大將軍蕭道成取代了劉宋，建立了南齊。

　　沒想到，南齊取代劉宋之後，也只過了幾年太平日子。蕭道成之後的皇帝大都暴虐荒唐，不問朝政。在經歷了二十多年的混亂後，蕭衍取代了南齊，建立了梁朝，歷史上稱他為梁武帝。

蕭衍剛登基的時候，認認真真地治理國家，不敢有絲毫懈怠，取得了很多成績。他每天早早起牀批閱奏章，忙起來的時候每天只吃一頓簡單的飯，吃完繼續工作。他明白想要把國家治理好，就要選拔有才幹的人入朝當官，於是他要求各地官府積極推薦人才，還給政績優秀的官員升官，讓他們更多地為國家效力。

因為戰亂和災荒，有的老百姓離開了家鄉。等局勢安定下來，梁武帝允許百姓返鄉，重新分土地給他們。百姓如果受到豪強欺凌，可以上書向皇上告狀。就這樣，南梁國內開始恢復生機，百姓們逐漸過上了安定的日子。

在梁武帝執政前期，百姓們都稱讚他是個好皇帝。他的生活簡樸，一頂帽子可以戴三年，一身衣服反覆洗了又洗，一張被子也要蓋兩年，吃的飯菜也非常簡單。可是到了晚年，梁武帝卻開始接連犯錯，導致南梁毀在他的手上。

首先，梁武帝縱容皇親國戚聚斂財富，違法亂紀。他看到前面的劉宋和南齊都是因為皇室內部打來打去才滅亡，認為皇族間的和睦最重要，於是竭力優待自己的親戚，不僅給他們實權，就連犯了法也不用國法處置。

梁武帝的六弟臨川王蕭宏曾經密謀造反，派出刺客刺殺梁武帝。這種事情放在其他皇帝那根本不能忍，可你猜梁武帝怎麼做？他處死了刺客，然後親自到蕭宏府上查看，結果發現王府內竟然有上百間倉庫，裏面堆滿了金銀財寶、綾羅綢緞。蕭宏眼見貪污的事情敗露，頓時汗如雨下，心想這次必死無疑了。誰知道梁武帝竟然調侃了他一句：「六弟啊，你的家當可真不少啊。」原來，皇帝看到他並沒有私藏兵器，就認為他只是個貪財的王爺，心裏早就原諒了他，根本沒有追究他貪污斂財的罪。從這以後，皇族從百姓身上搜刮錢財更加明目張膽、變本加厲了。

其次，梁武帝感覺國泰民安，天下太平，於是開始痴迷佛教。他原本是一個非常有文化的人，稱得上是詩詞歌賦、琴棋書畫樣樣精通。後來，他接觸到佛教，被其中深奧的道理吸引，開始專心研究佛學。

你可能會想，佛教不是勸人行善嗎？梁武帝信佛，更能施行仁政，對百姓不是更好嗎？這樣想可就錯了。梁武帝信佛沒有讓國家變得更好，還成了天下大亂的開端。一開始，梁武帝把宮廷飲食都改成了素菜，然後下令國家祭祀時不許殺生，改用麵粉捏成豬牛羊的樣子上供。這些都沒有造成太大的影響。

接下來，梁武帝下令在全國興建寺廟。一時間，各地大興土木，大量的人力物力都被用來建造佛寺。隨着佛寺的興建，很多百姓也不種地、經商了，都跑去出家，靠着信徒的供奉生活。當時南梁只有五百多萬人口，可僅在國都建康就有十多萬出家人。梁武帝時期舉國信佛，不僅消耗了大量的財富，還導致了勞動人口減少。

可是，這些還不算是最荒唐的。梁武帝沉迷佛教，竟突然宣佈不當

皇帝了，跑去出家當和尚。這可把大臣們急壞了，正所謂「國不可一日無君」，大臣們連忙趕到寺裏求皇帝還俗。梁武帝雖然回到皇宮，但是沒多久又到寺裏出家了，並提出要大臣們給寺廟捐一筆贖金才肯還俗。這是怎麼回事呢？梁武帝說，他已經向佛祖發誓，終身研究佛學，心甘情願成為佛祖的奴僕，現在大臣們要把他從寺廟帶走，就必須交一億錢做贖金。大臣們為了讓皇帝繼續主持朝政，急忙從國庫裏取出了錢。

可是，梁武帝一心出家，再也沒有建國之初勤勉從政的精神了。在前兩次出家後，他又兩次出家為僧，上演了三次「大臣拿錢贖皇帝」的鬧劇，前後一共給寺院捐了四億錢。

梁武帝信佛給百姓造成了深重的災難，大臣們用來贖他的四億錢，都是百姓辛勤勞作上交的稅收，就這樣白白送給了寺廟。在梁武帝執政後期，他無心朝政，一心想着修建佛寺，任用了一些奸臣，對百姓的壓迫加重，最終引發了顛覆南梁的「侯景之亂」。

知識加油站 文學

《文心雕龍》

《文心雕龍》的作者是南朝文學理論家劉勰（xié，粵音協）。這是一部文學理論著作，內容系統地論述了文學的審美、文學的本源，講述了文學創作的規律，指出了寫作中會遇到的問題。《文心雕龍》提出文章應該情景交融，文人應該形成獨特的文風等，是指導後世文人創作的一座取之不盡的寶庫。

當時的世界

502 年，蕭衍稱帝，建立梁朝。在這前後，盎格魯人在不列顛建立了諾森布里亞王國和默西亞王國，逐漸發展為一方霸主。

河陰之變

北魏的「掘墓人」 ....

　　大家還記得那個遷都洛陽，推行漢化的孝文帝嗎？在他的治理下，北魏統一了北方，變得十分強大。可是幾代之後，北魏的太后和皇帝，以及兩千多名官員，竟然在短短幾天內被殺光，朝廷變成了一個空殼。這就是歷史上著名的「河陰之變」。

　　孝文帝死後，他的兒子宣武帝即位。宣武帝也是一個信仰佛教的人，每年都在宮中講經誦佛，虔誠無比。前面說過，北魏原本有一個規定，為了防止後宮干政和外戚專權，一旦皇帝立哪個皇子做太子，就要處死他的生母。可是等到嬪妃胡氏生下皇長子元詡時，宣武帝卻因為寵愛胡氏而捨不得殺她，於是就以佛教禁止殺生的理由把這條規定廢除了，胡氏因此死裏逃生。

　　沒想到幾年後，正值壯年的宣武帝突然病死了，年僅五歲的太子元詡登基，即孝明帝。胡氏作為皇帝生母，自然就掌握了極大的權力。她把宣武帝的高皇后趕下台，搶過了皇太后的寶座，開始臨朝稱制，替皇帝主持朝政，發佈命令。

　　胡太后臨朝稱制期間，手握大權，為所欲為，把反對她的人都趕出朝廷，重用她自己的親信，搞得朝廷一片混亂。更嚴重的是，胡太后比宣武帝還痴迷佛教，她動用大量財富，徵召大批民工，建起了一座座富麗堂皇的寺廟。大家能猜到北魏當時有多少寺廟嗎？全國竟然有三萬多座，出家人則有二百多萬人。自孝文帝以來好不容易積累的財富大都

花在了修建寺廟上，錢不夠就想辦
法從民間搜刮，弄得百姓怨聲載道。

胡太后這樣倒行逆施，連她的親生
兒子都看不下去了。孝明帝反感胡太后專
權，禍亂朝廷，打算扳倒她，奪回皇權。只
不過，滿朝都是胡太后安插的親信，根本沒有
人聽他這個皇帝的命令。於是，孝明帝想到了到
洛陽之外尋找幫手，最終決定聯絡手握兵權的大都
督爾朱榮，讓他來洛陽討伐奸臣，趕胡太后下台。

沒想到，孝明帝的計劃走漏了風聲，胡太后又驚又怒。這時候，胡太后在長期的政治鬥爭中已經變得鐵石心腸，為了保住自己的權力和地位，她狠下心毒死了自己的親兒子孝明帝。

胡太后害死孝明帝後，非但沒有收斂，接下來的做法更加離譜。當時，恰好孝明帝的嬪妃潘氏生了一個女嬰，為了儘快穩定朝局，胡太后竟然硬說生下的是皇子，還把這個小嬰兒立為太子。等朝局穩定後，胡太后這才宣佈生下的是公主，這個太子不算數，重新從皇室裏挑了三歲的元釗立為皇帝。胡太后這一連串的舉動，目的只有一個，那就是繼續獨攬朝政。

就在胡太后揚揚得意時，爾朱榮帶兵殺到了洛陽。胡太后嚇得魂飛魄散，急忙調兵抵抗。可是守軍很快被爾朱榮的軍隊打敗，胡太后和小皇帝元釗被爾朱榮挾持離開洛陽。隊伍趕了一天的路，走到河陰（在今河南省孟津縣北）時停了下來，爾朱榮來到胡太后面前，歷數她把持朝政、毒殺皇帝等罪行，表情十分猙獰。胡太后感覺大難臨頭，再也沒有了往日的驕橫，跪在地上苦苦哀求爾朱榮饒她不死。爾朱榮推開胡太后，命令手下把胡太后和元釗投進了黃河。

接着，爾朱榮為了把持朝政，擁立長樂王做了皇帝，也就是孝莊帝。這時他的下屬費穆建議說：「您的軍隊不到一萬人，不如想一個計策，把洛陽城中的文武百官殺光，以防出現甚麼事故。」爾朱榮此時也害怕殺害胡太后和小皇帝的事被大臣們知道，於是一不做二不休，準備把文武百官一網打盡。

第二天，爾朱榮突然宣佈要在河陰舉辦祭天儀式，要求朝中皇親國戚、文武百官必須全部到場參加。儀式開始後，爾朱榮站在高處的祭壇上，斥責皇親國戚和文武百官的貪婪、腐敗，還說胡太后是受大臣們的慫恿，才犯下了毒殺孝明帝的大罪，隨後便命令埋伏好的士兵圍剿在場的大小官員，一天之內將洛陽權貴殘殺殆盡。歷史上把這次事件稱為「河陰之變」。

爾朱榮屠殺兩千多名皇親權貴的消息傳來，倖存的北魏宗親嚇得魂飛魄散，紛紛逃離洛陽。而城內的百姓擔心同樣的厄運會降臨到自己的頭

上，也都收拾行李匆匆出逃。整個洛陽城幾乎成了一座空城，再也沒有了昔日的繁華景象。爾朱榮在洛陽一帶大開殺戒，結果他自己也不敢再留在當地。最後，他把孝莊帝送到洛陽，自己則回到晉陽，遙遠操縱朝政。

短短十幾年間，北魏積累的財富被揮霍一空，朝廷更是在「河陰之變」中遭到了毀滅性的打擊，整個國家就像一個被掏空的空殼一樣，搖搖欲墜。「河陰之變」是北魏滅國的開端，最終使強大的北魏分裂為東魏和西魏。

知識加油站 文化

北魏元邵墓

元邵是北魏孝文帝的孫子，在「河陰之變」中慘遭爾朱榮的毒手。1965 年考古人員在河南省洛陽市發現了他的墓，從墓中出土了一百多件武士陶俑。這一百多個武士陶俑雖然無法和秦始皇兵馬俑相比，但也同樣威嚴。

當時的世界

527 年，東羅馬帝國的禁軍統帥查士丁尼加冕為國王，和皇后狄奧多拉共同治理國家，讓國家短暫地恢復了羅馬帝國時期的輝煌。528 年，爾朱榮發動「河陰之變」，幾乎摧毀了北魏的統治結構，使北魏政權不可避免地走向衰落。

北魏分裂

一不小心分了家 ···

　　經過「河陰之變」，北魏的統治階級遭到了毀滅性打擊，沒過多久，北魏就分裂成了東魏和西魏。我們可以把北魏面臨的情況想像成吃蛋糕，原本北魏是一個完整的蛋糕，可是爾朱榮突然跑過來要搶，各路人馬見了，都紛紛來搶。結果，爾朱榮沒吃到蛋糕，這塊大蛋糕被分成了兩半，分別落到了高歡和宇文泰手中。這兩個人究竟是甚麼來頭？下面我們就來講一講北魏分裂的事情。

　　爾朱榮擁立孝莊帝後，原本想掌控朝政。沒想到孝莊帝不甘心做個傀儡皇帝，設計誅殺了爾朱榮。這下可激怒了爾朱氏，爾朱榮的姪子爾朱兆帶頭起兵造反，攻入洛陽，殺了孝莊帝，先後擁立了元曄、元恭當皇帝。爾朱氏不僅隨意廢立皇帝，在治理國家上也是一塌糊塗。他們對災荒不聞不問，對農民起義殘酷鎮壓，弄得民怨沸騰，就連一些地方的豪強大族都不滿爾朱氏的統治。

　　這一切都讓一個叫高歡的人看在眼裏。高歡原本是北方六鎮的一個小差役，憑藉着機智善變混成了爾朱榮手下的一員大將。爾朱榮死後，他繼續跟在爾朱兆身邊，和爾朱兆稱兄道弟。眼見天下大亂，高歡的心思就活動了起來。

　　此時，山西一帶分散着十多萬北方六鎮的起義軍，幾年間起義了二十多次。爾朱兆非常頭疼，於是召集部下商量該如何處置這些起義軍。高歡說：「起義軍太多了，抓也抓不住，殺又殺不完。主公，我們不如換一種方法，讓人去統領他們，也能對國家有用。」爾朱兆想了想，認為高歡是最可靠的人選，便任命他統率六鎮軍民，做好安置工作。高歡領命後心中大喜，表面上卻不露聲色，很快就集合起人馬出發了。

　　你可能感到奇怪，高歡是去統率一羣流民，這有甚麼可高興的？要知道，這些人可是大名鼎鼎的六鎮軍民，他們世代當兵，個個能征善戰。高

歡有雄霸天下的野心，正需要這樣一支勁旅為他出生入死。現在他輕輕鬆鬆就有了十萬人的軍隊，心裏可不是樂開了花。

高歡前腳剛走，慕容紹宗就找到爾朱兆說：「少主，你叫誰去不好，怎麼偏偏叫高歡去統領六鎮軍民？高歡這個人雄才大略，可不像看上去那麼老實。你讓他領兵十萬，日後必成禍患啊。」爾朱兆則解釋道：「我倆是結義兄弟，我對他放心。」慕容紹宗搖頭歎氣地說：「這年頭親兄弟都不能相信，結義兄弟算甚麼？」爾朱兆手下的其他人收過高歡的好處，紛紛替他說好話，爾朱兆也就不再理會慕容紹宗的勸說。

高歡脫離了爾朱兆的控制，率領六鎮軍民遷到山東境內生活。要說高歡，的確是個帶兵的天才。一路上，他整頓軍紀，禁止大軍劫掠沿途百姓，慢慢收服了六鎮軍民的心。抵達山東後，他偽造書信，謊稱朝廷下令讓六鎮軍民出征，否則就要全部處死，逼得眾人造反，起兵討伐爾朱氏。山東、河北一帶的豪強和百姓原本就對爾朱氏不滿，聽說高歡起義，不少人加入進來。

就這樣，起義軍鬥志高昂，最終消滅了盛極一時的爾朱氏，佔領了國都洛陽。緊接着，高歡廢掉了爾朱氏立的皇帝，改立元脩（xiū，粵音修）為皇帝，歷史上稱為孝武帝，他自封為大丞相，還學着爾朱榮的樣子，返回晉陽，遠程遙控朝政。

孝武帝見高歡不在洛陽，在身邊人的慫恿下，也動了鏟除權臣、奪回大權的心。他調集軍隊，聲稱要南下討伐南梁，想以此來麻痹高歡。在私下裏，孝武帝已經選中了鎮守關隴地區的宇文泰，暗中寫密詔封他為大都督，讓他來洛陽，然後兩路兵馬共同消滅高歡。

孝武帝自以為計劃得天衣無縫，沒想到這點小伎倆早就被高歡看透了。他將計就計，宣稱要來幫孝武帝南伐，親自率領二十二萬兵馬趕赴洛陽。

聽說高歡氣勢洶洶地朝洛陽而來，孝武帝感覺這下禍闖大了。為了保命，他也顧不上甚麼體面了，帶上五千兵馬就逃出了洛陽，跑去投奔宇文泰。高歡抵達洛陽，發現皇帝出逃，急忙派人追趕。可是高歡的人越追，孝武帝跑得越快，終於在長安附近遇上了宇文泰的隊伍，慌忙逃進了長安城。

高歡看皇帝是鐵了心不回來了，只好改立元善見為皇帝，即孝靜帝，並把都城遷到了鄴城，建立了東魏。幾個月後，宇文泰殺掉了孝武帝，改立元寶炬為文皇帝，建立了西魏。

從此，北魏一分為二，進入了東、西魏對峙的歷史時期。雖然東魏和西魏都有皇帝，但實權都掌握在權臣手中。日後兩國的爭鬥，實際上是高氏和宇文氏之間的較量。

六鎮軍民的由來

六鎮位於北魏北部，在北魏建國之初是抵抗柔然等北方民族的軍事重鎮，駐紮着拓跋部貴族和漢族豪強的子弟。隨着孝文帝遷都洛陽，北方六鎮沒有被強制漢化，仍然保留着少數民族習俗，因此逐漸被邊緣化。朝廷一方面不斷發配囚犯到當地戍邊；另一方面要求鎮民世代當兵，不得擅離。洛陽新貴對六鎮軍民漸漸形成了落後、守舊、身份低微的固有印象。實際上，六鎮軍民在長期艱苦的環境下，養成了刻苦耐勞、英勇彪悍的性情，是一支擁有強大作戰能力的軍隊。

當時的世界

534 年，高歡立孝靜帝，建立東魏。從此北魏分裂為東魏和西魏。536 年，東羅馬帝國征服了之前由汪達爾人統治的馬格里布地區（今埃及以西，撒哈拉沙漠以北）。

侯景之亂

皇帝竟然被活活餓死了

　　梁武帝蕭衍晚年沉迷佛教，重用奸臣，以至於朝政混亂，民不聊生。可是梁武帝自我感覺良好，完全不知道收斂，導致一場叛亂席捲了整個南梁，這就是「侯景之亂」。

　　梁武帝八十多歲的時候，有一天做了一個夢，夢見北方的官員紛紛向南梁獻城投降。醒來後，他對身邊的人講起這個夢，身邊的人都說，這是皇帝要統一全國的預兆。沒想到幾個月後，東魏大將侯景真的帶着十三個州郡來投降。

　　梁武帝收到消息，不由得喜出望外，急忙召集文武百官商量。沒想到，大臣們都勸梁武帝不要接受投降。有的大臣認為，侯景這個人不老實，他先是背叛東魏，帶兵去投奔西魏，被拒絕後才來聯絡南梁，不是真心實意投靠。有的大臣則說，南梁與東魏長期以來相安無事，現在接納了侯景，會讓兩國關係出現問題。大臣裏，只有朱異贊成受降。最後，梁武帝依然覺得是夢裏的事應驗了，他不顧大臣們的強烈反對，接納了侯景，並封他為河南王。

　　東魏得知侯景叛變的消息之後，立刻出兵攔截侯景。梁武帝則派姪子蕭淵明率兵前去接應。沒想到，蕭淵明養尊處優，不懂打仗，致使梁軍被東魏打得大敗，他非但沒把侯景接回南梁，自己還被魏軍俘虜了。而侯景率軍突圍，也付出了慘重代價。他原本領着四萬人投降，等逃到南梁境內，只剩八百人了，之前承諾要獻給南梁的土地都被東魏搶了回去。聽到這個消息，梁武帝氣得想吐血。

侯景到了南梁後，請求梁武帝給他做媒。侯景原本是羯族人，一直十分渴望提高自己的社會地位。他早年憑着能征善戰當上了東魏的大將軍，這時候，他想和王、謝這樣的世家大族結親，成為真正的貴族。然而，梁武帝拒絕了他的請求，勸說道：「王、謝兩家的門第太高，你的出身高攀不上，還是從普通一點的人家裏挑選吧。」梁武帝的這番話傷到了侯景的自尊，讓他對南梁生出了怨恨之心。

正在這時，東魏讓被俘的蕭淵明寫信，表示兩國如果能講和，就放蕭淵明回國。我們以前講過，梁武帝非常重視親族，甚至到了縱容皇親國戚違法的地步。此時聽説能救回姪子，立刻和東魏聯絡起來。

侯景聽説後，生怕有一天梁武帝會把他交給東魏，那他這個叛徒的下場可就非常慘了。怎麼辦才好呢？要保住性命，侯景就必須要知道梁武帝究竟是怎麼想的。於是侯景命人偽造了信件，再讓人假扮東魏的使者送到建康。信裏提出，南梁必須用侯景來交換蕭淵明。結果，梁武帝果然中計，回信同意交換。看到回信後，侯景憤怒地説：「我就知道這個老頭子沒安好心！」於是開始在自己的封地內招兵買馬，密謀造反。

幾個月後，侯景率領招募來的八千人馬起兵，藉口誅殺奸臣朱異，一路勢如破竹，向着南梁都城建康猛撲而去。侯景打到建康時，糾集起來的叛軍已有十萬人，他下令圍攻梁武帝所在的台城。此時，各路援軍趕到，從外面包圍了叛軍。可是援軍各懷心思，沒有第一時間聯手剿滅侯景，後來又中了侯景的詭計，紛紛退兵。

最終，台城被圍數月，城中彈盡糧絕，被叛軍攻破。進入台城之後，侯景全副武裝前去面見梁武帝，想要好好羞辱一下這個看不起他的皇帝。沒想到，梁武帝居然氣定神閒地迎接了侯景，還親切地問候説：「愛卿這麼長時間一直打仗，難道不勞累嗎？」梁武帝這樣的氣度讓侯景有些不知所措，竟然支支吾吾一個字都回答不上來。

見過蕭衍後，侯景對部下説：「我經歷過這麼多殘酷的戰爭，還從來沒有害怕過。今天見到梁武帝，居然有些害怕！」

侯景控制了梁武帝，但不管他怎麼威逼利誘，梁武帝都拒絕答應他的

任何要求。侯景一怒之下軟禁了皇帝，最後竟然把八十多歲的梁武帝活活餓死了。

梁武帝死後，侯景先後立了兩個傀儡皇帝，自封為丞相，獨攬大權，後來乾脆改國號為「漢」，終於實現了稱帝的野心。

侯景攻下建康後，並沒有提出有效的治理方法，而是縱容軍隊劫掠，拼命搜刮江南地區的財富。幾年後，梁武帝的兒子湘東王蕭繹派兵滅掉了侯景，自己稱帝，這場可怕的「侯景之亂」才得以終結。

「侯景之亂」讓原本富庶的江南變得滿目瘡痍，從而加劇了「北強南弱」的局面，為後來北方統一南方提供了條件。

知識加油站 文化

南梁最昌盛的時候，首都建康城有多繁華？

「侯景之亂」前，建康的百姓光是統計到的就有 28 萬戶，大概有一百四十萬人左右。這裏出產百鍊鋼、羅紋棉等手工製品，東晉時王羲之父子寫字用的麻紙也產自建康。城中車水馬龍，商鋪林立，還形成了牛馬市、鹽市、花市等專門的市場。更有秦淮河穿城而過，商人們可以通過水路收發貨物。建康在當時不僅是南梁的政治中心，還是經濟和文化中心，是一座繁華的大都市。

當時的世界

542 年，歐洲爆發了「查士丁尼大瘟疫」，這是一次大規模的鼠疫。瘟疫從埃及向地中海周邊國家蔓延，導致歐洲人口銳減，糧食生產和經濟貿易停滯，軍隊戰鬥力下降。548 年，侯景率領八千餘人從壽陽起兵，拉開了「侯景之亂」的序幕。

高洋簒魏

意欲「謀反」的皇帝 ⋯⋯⋯⋯⋯

　　高歡建立東魏後，一直和宇文泰互相打來打去，根本沒有時間考慮要不要稱帝。幾年後，這個理想在他兒子身上實現了，只不過，最終稱帝的不是精明能幹的長子高澄，而是老實的二兒子高洋。那麼，這個一直沒甚麼存在感的次子是如何登上帝位的呢？下面我們就來講講高洋建立北齊的故事。

　　高歡定都鄴城後，又把洛陽及周邊的四十萬民眾遷了過來，開始營建和發展新的國都。在朝廷上，高歡大權獨攬，不僅大臣們不敢提反對意見，就連孝靜帝在他面前也是大氣都不敢出。然而高歡心裏一直對北魏分成東西兩部分耿耿於懷，如果沒有宇文泰從半路殺出來，高歡原本能統治整個北魏。於是，他多次出兵攻打西魏，想要吞併掉西魏，重新統一北方。東魏和西魏斷斷續續打了十幾年，雙方有輸有贏，誰也滅不掉誰。

　　後來，高歡親自率領十萬大軍，進攻西魏重鎮玉璧城。沒想到城內守軍早有準備，東魏軍圍城五十多天，反而弄得自己傷亡慘重。高歡深受打擊，一病不起。

　　高歡死後，丞相的位置由他二十六歲的長子高澄接任。高澄天資聰慧，少年老成，深得高歡的喜愛。一開始，文武百官還等着看這位青年丞相的笑話，然而高澄上台後，整頓吏治，懲治貪腐，取得了一定的成績。我們前面講過東魏大將侯景叛變出逃，正是發生在高澄執政時期。高澄不僅俘虜了南梁的蕭淵明，還趁機攻佔了大量南梁土地。這樣一來，朝中的老臣再也不敢小看他了，孝靜帝也迫於壓力，封高澄為齊王。

　　讀過前面那些故事，你大概已經知道了，權臣簒位都是這個套路，下一步，高澄就該逼皇帝退位，自己稱帝了。高澄心裏也是這麼想的，他不再掩飾自己的野心，言行舉止中透露出驕橫和無禮。在一次宴會上，高澄

向孝靜帝勸酒，皇帝鬱悶地說：「朕這一生根本沒有甚麼作為，除了喝酒還能做甚麼？」言外之意是抱怨被高氏父子控制。高澄當時就拉下臉來，藉着酒勁說：「甚麼朕不朕的，都是狗屁。」

孝靜帝不想再處處受高澄的氣。這時，他身邊的幾個臣子出了個主意，先想辦法逃出皇宮，再糾集軍隊討伐高澄。他們想的辦法是甚麼呢？就是從皇帝居住的宮殿往下挖密道，一路挖到皇宮外。結果，他們挖到宮門附近時被侍衛發現，報告給高澄知道。

高澄聽說皇帝想出逃，又驚又怒，趕到宮裏質問孝靜帝說：「陛下，您為甚麼『謀反』呀？我們父子全力保衛國家，有甚麼地方對不起您？肯定是有人慫恿您這麼做。」大家看到這裏，是不是覺得有些可笑？自古以來，只聽說過臣子謀反，還沒聽說過君王「謀反」的，高澄這麼問，還真是沒有把孝靜帝當皇帝。隨後，高澄殺了慫恿孝靜帝出逃的人，又把皇帝軟禁了起來，並開始加緊為稱帝做準備。

眼見離稱帝只有一步之遙，高澄卻突然被府裏的廚子殺掉了。孝靜帝聽說之後，拍手大笑說：「這可真是天意呀，高澄一死，可算輪到我掌權了。」然而，孝靜帝還沒高興兩天，高澄的弟弟高洋站出來穩住了局面。皇帝和羣臣這才發現，平時不顯山露水的高洋才是隱藏得最深的那一個。此時高洋一邊搜捕刺客，一邊管理朝政，竟然處理得政事井井有條。孝靜帝眼見高洋更不好惹，只好打消了親政的想法。第二年，高洋逼迫孝靜帝簽署了禪讓詔書，隨即自立為皇帝，建立了北齊，歷史上稱他為齊文宣帝。

西魏的宇文泰聽說東魏改朝換代成了北齊，決定派兵前來一探虛實，想要殺高洋一個措手不及。高洋接到消息，集合北齊的大軍開始了軍事演習。宇文泰看到北齊軍隊陣容齊整，紀律嚴明，感慨道：「高洋的治軍風格簡直像高歡還活着似的。」說完就班師回朝，此後雙方經歷了一段時期的和平。

高洋執政初期，在高澄治國的基礎上，進一步培養和選拔人才，修訂法律，整治貪腐，讓北齊日益強大起來。在軍事上，高洋嚴格訓練軍隊，出兵征討契丹、高句麗、柔然等。而南梁為了和北齊打好關係，每年都要向北齊進貢。

高洋年紀輕輕就取得如此成就，漸漸丟掉了以前低調行事的作風，開始驕傲自大，也不像從前那樣勤於政事了。為了抵禦北方民族侵襲，高洋耗費大量人力，先後六次修建了長三千多里的長城。與此同時，他又覺得現有的皇宮配不上自己尊貴的身份，又徵調了三十多萬人，給自己修建了三座升級版的豪華宮殿。繁重的徭役讓百姓怨聲載道，高洋卻在皇宮裏夜夜笙歌，飲酒作樂。後來，他擔心北魏皇族重新崛起，於是下令殺光北魏的元氏，共殺害元氏七百二十一人。

高洋執政後期完全變成了一個瘋狂的暴君，甚至連自己的兄弟都要鏟除。他活到三十四歲就因為過度飲酒而暴斃，北齊後來的幾個皇帝也都昏庸無道，最終導致北齊滅亡。

高洋「快刀斬亂麻」的典故

　　有一次，高歡為了考驗兒子們的頭腦，就把他們都叫到身邊，指着纏成一團的麻繩說：「你們來整理這團亂麻，看誰能最快整理好。」幾個孩子都開始把麻繩一根根抽出來，但是很快發現越是這樣，麻繩纏得越緊，一個個都急得滿頭大汗。高洋卻抽出一把小刀，朝着麻繩斬了幾刀，然後再動手整理，很快就整理好了。高歡由此開始對這個老實的兒子刮目相看，覺得他以後可能會有出息。

當時的世界

　　550 年，高洋篡魏稱帝，建立北齊。他執政後期倒行逆施，最終導致北齊被北周消滅。552 年，東羅馬帝國皇帝查士丁尼一世先後入侵了東、西哥德王國，侵佔了大量土地和地中海上的眾多島嶼。連年征戰加深了奴隸們的苦難。受到鼠疫的影響，555 年，查士丁尼一世不得不停止對外擴張。

北周統一北方

北方又出現了霸主

東魏的高氏改朝換代建立了北齊，西魏的宇文氏也不再假惺惺地尊奉元氏，他在廢掉元氏的皇帝後，建立了北周。不僅如此，幾年後，北周還滅掉北齊，統一了北方。這都歸功於北周出了一位英明神武的周武帝。

我們前面講到，宇文泰聽説老對手高歡死了，趕去一探究竟，結果被高洋嚴整的軍紀嚇得灰溜溜跑了回來。歲月不饒人，宇文泰在高歡死後幾年也死了。臨死前，他託付姪子宇文護輔佐朝政。

宇文護掌權後，逼迫西魏皇帝禪位給宇文泰的兒子、自己的堂弟宇文覺，建立了北周。很快，他殺死宇文覺，又改立宇文泰的另一個兒子當皇帝。當時宇文護權傾朝野，小皇帝根本沒法和他抗衡，只要稍微動一點除掉宇文護的心思，就會立刻被他廢掉。從宇文護手下逃脱的只有周武帝宇文邕（yōng，粵音翁），也就是宇文護立的第三個皇帝。

眼見宇文護毫不留情地除掉了前兩個皇帝，宇文邕明白，和他硬碰硬根本沒有勝算，要想活下去，就必須韜光養晦。

那麼，宇文邕是怎麼做的呢？他裝出一副膽小沒主意的樣子，在宇文護面前竭力巴結討好，讓宇文護對他放鬆了警惕。就這樣忍耐了十三年，宇文邕在朝中也漸漸培植起自己的勢力，終於下決心鏟除宇文護。有一天，宇文護進宮給太后請安。趁着宇文護跟太后説話，宇文邕突然用玉製的笏板把他砸暈，接着，周圍人一擁而上，殺了這個大權臣。

宇文邕奪回大權後，開始了一系列改革，讓北周的面貌煥然一新。

宇文護執政時期，貪官橫行，徭役繁多，國家變得很窮，遇上災荒簡直無計可施。宇文邕針對這個情況，嚴懲貪官污吏，並下令讓王公貴族釋放了十多萬名奴隸，恢復了他們的平民身份，讓他們安心從事生產。接着，他又減免了農民的稅賦，提高了農民的生產動力。

其次，他廢除了丞相掌握軍權的規定，把軍隊的指揮權力收回到皇帝手中，這樣就杜絕了權臣仗着手裏的軍隊威脅皇帝的情況，也為日後統一北方奠定了扎實的基礎。

宇文邕還發動了轟轟烈烈的「滅佛運動」。南北朝時期，整個中國都崇奉佛教，北周人對佛教的狂熱一點也不輸給北魏的胡太后。當時北周人口總共不到一千萬，出家人竟達到了幾百萬，寺廟超過一萬座。按規定，出家人可以不交稅、不服勞役，所以用出家逃避稅項和勞役的人越來越多。這對於國家來說，等於白白損失了稅收和勞動力，宇文邕趕緊叫停，他命令所有的和尚和道士還俗，寺院佔有的土地要分給農民耕種。

經過一番整頓，北周富裕起來了。不過宇文邕仍然生活儉樸，他一不穿金戴銀，二不吃山珍海味，三不建奢華的宮殿，從而贏得了民心。與此同時，北齊的統治者自高洋之後，只知道享樂，完全不理會民間疾苦。看到這種情形，宇文邕知道時機已經成熟，於是親自率領軍隊進攻北齊。

宇文邕集結了十四萬兵力，一路殺奔高氏的老家晉陽，首先抵達了晉陽的門戶平陽。北齊軍求援的戰報一封接一封傳來，齊後主卻還在和寵妃興致勃勃地圍獵，完全沒有大敵壓境的緊迫感。右丞相還訓斥送戰報的士兵說：「不知道皇上打獵正在興頭上嗎？打仗這種事是常有的，專挑這時候一遍遍地報過來，有那麼急嗎？」

直到平陽失陷的消息傳來，齊後主才中斷打獵，率領十萬大軍慢吞吞趕到平陽，組織攻城。結果，北齊的十萬大軍圍城一個多月，死活都打不進只有一萬北周軍的平陽，反而熬得自己的軍隊人困馬乏，士氣低迷。這時北周八萬大軍殺來，齊後主嚇得臨陣脫逃，扔下大軍，一溜煙逃回了國都鄴城。後來，北周軍隊一路逼近鄴城，齊後主連忙把皇位讓給八歲的太子，準備繼續跑路，最終在逃亡路上被北周抓住。

就這樣，北周統一了北方，終結了北魏分裂以後，東、西魏幾十年來割據對峙的局面和連年戰亂，推動了整個北方政治、經濟、文化方面的發展，為日後隋朝統一中國奠定了基礎。

知識加油站 文學

《神滅論》

南北朝時期，因為很多皇帝大力宣揚佛教，使得佛教迅速在中國傳播開來。而「滅佛運動」則對佛教發展造成了很大的影響。其實早在梁武帝時，就有一本書對佛教發展造成過影響。這本書就是范縝（zhěn，粵音診）編寫的《神滅論》，范縝在書中提出了「無神論」的觀點，反對人們信奉佛教。他的觀點剛一提出就造成了很大的反響，以至於梁武帝怕他妨礙佛教的傳播，找了個藉口把他流放到邊遠地區去了。但是無神論的思想還是流傳了下來。

當時的世界

576 年，東羅馬帝國的使者兩次出使西突厥。此時西突厥已經控制了絲綢之路的中亞段，兩國之間的交往有利於促進歐亞之間的貿易往來。577 年，宇文邕攻入鄴城，消滅北齊，統一了北方。

陳霸先收復山河

憑着一頓糯米鴨肉，贏得首都保衞戰 . . . .

　　沉迷佛教的梁武帝死在了「侯景之亂」中，給南梁留下了一個難以收拾的爛攤子。當時，蕭氏皇族有的不敢向侯景宣戰，躲在自己的封地不肯出來，還有的竟然因為爭奪地盤互相打了起來。只有湘東王蕭繹積極對抗侯景，而他手下的陳霸先更是屢立奇功，打敗侯景，讓江南恢復了秩序。

　　陳霸先是吳興（今浙江省湖州市）人，早年一直在交州一帶做官。「侯景之亂」爆發後，陳霸先聽到梁武帝被侯景軟禁害死的消息，悲憤交加，一心想要率兵討伐逆賊。交州當地有一位皇親國戚 —— 曲江侯蕭

勃，按理說，他應該號令軍隊去攻打侯景。然而蕭勃卻不聞不問，擺明了不想惹禍上身。陳霸先對膽小怕事的蕭勃非常失望，於是派遣使者到江陵聯繫湘東王蕭繹，表示願意為他效力。

不久，陳霸先帶兵離開交州，北上和蕭繹的西路軍會合。西路軍由蕭繹的老部下王僧辯率領，他早就聽說陳霸先戰功赫赫，心裏不由得擔心，生怕陳霸先來了之後，處處和自己搶功勞。恰巧在這時，王僧辯部隊裏的糧食要吃完了。要知道，軍糧在打仗時非常重要，士兵吃不上飯，不僅沒力氣打仗，還可能引起騷亂。因此，王僧辯急得像熱鍋上的螞蟻，千方百計地找糧食。陳霸先就從自己的軍隊裏撥出一大半糧草，大方地送了過去。王僧辯被陳霸先的豪爽仗義所感動，兩人在並肩作戰中漸漸成了好友，甚至還結成了兒女親家。

後來，這兩員大將聯手，把侯景打得落荒而逃。侯景逃到海上，最終被自己的手下殺死。

奪回建康後，蕭繹有了掃平叛亂的功績，於是就在江陵（今湖北省江陵縣）稱帝，這就是梁元帝。

然而沒過幾天太平日子，西魏突然出兵打來了，梁元帝死於戰亂。陳霸先和王僧辯身為老臣，準備擁立梁元帝的兒子繼承皇位。不料中間又橫生枝節，北齊把那個被東魏俘虜的蕭淵明送了回來，要讓他當南梁皇帝。

　　聽到這裏，你可能有點糊塗了，北齊和蕭淵明有甚麼關係呢？是這樣的，當初侯景投奔南梁時，梁武帝派出他的姪子蕭淵明去接應，結果被東魏抓走了。後來，東魏被篡權者取代，建立了北齊，於是蕭淵明就落入了北齊手裏。

　　面對北齊的指手畫腳，陳霸先非常不滿，可他的好朋友王僧辯聽從北齊的安排，迎回蕭淵明做了皇帝。陳霸先知道後，派了好幾撥人去勸阻王僧辯，但是他始終不聽。陳霸先暗暗歎息，對親信說：「元帝有平亂的功績，這個皇帝當得理所應當。他臨終託孤，讓我和王僧辯輔佐新皇帝，我們應該盡心竭力效忠。可是這個蕭淵明做過甚麼？他在東魏當了幾年俘虜，憑甚麼回來就當皇帝，讓元帝的兒子怎麼辦呢？」但王僧辯這時已經沒有了當年征戰的鬥志，寧可屈服於北齊。陳霸先眼見勸不住老朋友，只好聯合其他將領殺了王僧辯，讓蕭淵明退位，擁立梁元帝之子蕭方智登基做了皇帝，也就是梁敬帝。

　　可是，事情遠沒有平息，王僧辯的部下不肯善罷甘休，他們打着給主將報仇的旗號，勾結北齊軍隊進攻建康。陳霸先在處理王僧辯時出手果斷，不僅令朝野上下刮目相看，就連百姓也都知道他不屈服於北齊，敢於和外敵抗爭。這一次，陳霸先也是很快組織起軍隊準備抵抗，只不過時間倉促，軍糧籌備不足。聽説陳霸先的軍隊缺糧，江南百姓自發籌集糧食，用荷葉裏着糯米蒸熟，再夾上鴨肉來犒勞軍隊。士兵們吃完這頓家鄉飯，鬥志昂揚，一鼓作氣打敗了齊軍。在陳霸先的率領下，梁軍又平定了王僧辯部下的叛亂，穩住了南梁的局面。

　　之後，陳霸先一路加官進爵，先被封為陳公，他的封地稱為陳國，不久又被封為陳王。這時候，陳霸先的功勞和權勢無人能及，國家的大小事務都不經過梁敬帝，政務直接由他決斷，打仗也是由他點將出征。很快，陳霸先廢掉梁敬帝，建立了陳朝，即位為陳武帝。

陳霸先當上皇帝後，讓百姓休養生息。他的生活很簡樸，他在位時，宮廷中不用珠光寶氣的裝飾，吃飯也是簡單的幾道菜，也沒有歌舞樂器等娛樂。而且陳霸先積極發展經濟，讓飽受戰亂的江南地區恢復了生機。

南北朝時期的水稻

　　水稻原產於南方，到了南北朝時期，北方修建了水利設施，也可以栽種水稻。北魏時期的農學著作《齊民要術》中記載了 24 種稻米，還詳細記錄了種植灌溉方法。稻米不僅是重要的糧食來源，還可以用來釀酒，甚至作為實物貨幣。南北朝時期，遇上經濟困難時，有的政權就直接用米作為俸祿發給官員。

當時的世界

　　557 年，陳霸先稱帝，建立陳朝。在他執政的兩年裏，飽受戰亂的江南逐漸恢復了生機。560 年，肯特王國在國王埃塞爾伯特一世的治理下迅速崛起，到 6 世紀末，稱霸英格蘭地區。

魏晉南北朝時期的科技和文化

亂世中綻放的花朵 · · · · · · · · · · · · · · · · · ·

　　魏晉南北朝前後持續了三百多年，經歷了反反覆覆的分裂、割據、戰爭的動盪。然而在這糟糕的三百多年裏，不同的民族和文化之間有了激烈碰撞和交流的機會，各民族文化互相影響融合，誕生了許多偉大的成果和傑出的作品，對後世產生了深遠影響。

大家在課本上見過祖沖之的畫像嗎？他是南朝時劉宋的科學家。祖沖之從小除了閱讀經史子集，還受祖父和父親的影響，對天文學產生了興趣，年紀輕輕就有了博學多才的名聲。後來，祖沖之進入「華林學省」——相當於現在的國家級科研機構工作。在這裏，他讀到了大量天文、曆法、術算方面的書籍，充分汲取了前代科學家的研究成果。

祖沖之最有影響力的研究成果在數學領域，他是歷史上第一個把圓周率算到了小數點以後第七位的人。他的這項成果領先了世界近千年，直到1425年，這個紀錄才被阿拉伯人打破。當然，在他熱愛的天文學領域，祖沖之也取得了成績。他仔細推算行星運行的規律，糾正了原有曆法的偏差，制定了《大明曆》。然而，《大明曆》的施行卻遭到了一些頑固守舊大臣的阻撓。他們說曆法是先人定下的，不可改變，祖沖之膽敢變動曆法，是在觸犯上天。

為了反駁那些老頑固，堅信科學的祖沖之寫了文章據理力爭，可是在他有生之年，《大明曆》都沒有施行，直到後來的梁朝才正式改用《大明曆》。

除了數學和天文學方面的成就，祖沖之還熱衷於機械製造。他設計製造出了一種「水碓磨」，利用水的力量帶動大水車，用來舂米、磨麵。

說到農業，不得不提農學著作《齊民要術》，這是北魏農學家賈思勰編撰的一部農學百科全書。賈思勰曾經當過高陽郡太守，深刻認識到農業是國家穩定的根本，於是開始研究各項農業技術。賈思勰一開始是翻閱古籍，尋找歷朝歷代生產種植方面的記載。接着，他覺得光是在家做學問還不夠，就深入到鄉村和田間，向農民們請教種植經驗。更可貴的是，他還親自動手，參與種地。

賈思勰的《齊民要術》語言平實，還引用了不少農諺，既實用又好懂，對農業生產起到了真正的指導作用。書中涵蓋了種植生產和加工製造，不僅有各種農作物的種植栽培，還有飼養牲畜、紡紗織布、釀醋釀酒，甚至連相牛相馬、怎麼給牲畜看病都寫進了書裏，真正做到了包羅萬象。讀這本書，我們很快就能知道南北朝時期農民耕種的情形。

　　在文化方面，魏晉南北朝時期同樣繁榮。這一時期誕生了許多不朽的文學、音樂作品，深深地影響了隋唐時期的文藝創作，也成為後世藝術創作的靈感來源。

　　東晉時期，還出現了中國歷史上著名的書法家王羲之。他出身於世家大族琅邪王氏，過着衣食無憂的生活，唯獨痴迷於書法。王羲之曾經遊歷名山大川，尋找前輩書法家的碑刻，反覆臨摹，逐漸形成了自己的書法風格。

　　有一年禊節，王羲之和文人雅士們相聚在會稽山的蘭亭，飲酒作詩，其中還有我們前面講到的隱居東山的謝安。在聚會上，王羲之藉着酒勁，揮筆寫下了著名的《蘭亭集序》。這不僅是一篇語言清新流暢的散文，更是一幅書法名作，達到了收放自如、渾然天成的境界，連他本人酒醒後都難以再寫出同樣的佳作。這幅《蘭亭集序》被稱為「天下第一行書」，成了後世爭相臨摹的書法作品，王羲之本人也被譽為「書聖」，是中國書法藝術史上的一座高峯。

　　與王羲之處於同一時期的，還有一位大畫家顧愷之，被稱為「畫絕」。顧愷之師從畫家衛協，擅長描繪人物肖像，在幾十年的藝術創作中，形成了自己獨特的繪畫理念和風格。有的人畫畫講究畫得像，有的人追求人體結構嚴謹，而顧愷之強調的是畫面的「傳神」。這個傳神怎麼理解呢？就是通過描繪人物的外貌、姿態來表現人物的性格和內心。這樣的畫作除了帶給人美的享受，更值得人們反覆品味，揣摩畫中人的所思所想。

　　顧愷之的繪畫代表作是《女史箴圖》、《洛神賦圖》，是按照當時的文章內容創作的，類似現在圖書中的插圖。他筆下的人物線條流暢，姿態優

雅，栩栩如生，生動地表現了他的藝術主張，對中國傳統繪畫的發展有着深遠的影響。

縱觀魏晉南北朝時期的科學和文化成就，我們發現不論身處怎樣的亂世，都有人堅持自己的理想和追求。他們有的為了造福百姓，有的為了記錄世間百態，終其一生都在探索，為我們留下了璀璨的文化瑰寶。

《水經注》

　　北魏地理學家、文學家酈道元編寫的《水經注》中記載了當時一千多條河流以及相關的歷史遺跡、人物掌故、神話傳說等，是中國古代最全面、最有系統的綜合地理著作。《水經注》對於研究中國古代的地理、歷史具有重要的價值，為中國地理學以及世界地理學史的發展做出了很大貢獻。同時《水經注》中還記錄了許多民謠、碑刻墨跡，文筆十分優美，具有一定的文學價值。

當時的世界

　　532 年，東羅馬帝國皇帝查士丁尼一世下令建造聖索菲亞大教堂。這座教堂具有拜占庭建築風格，經歷後世的數次重修和改建後，又增添了清真建築風格，現已改為博物館，供遊客參觀。《齊民要術》約在北魏末年（533—544 年）完成，系統地總結了 6 世紀以前黃河中下游地區的各類農學知識。

責任編輯　潘沛雯
裝幀設計　鄧佩儀
排　版　陳美連
印　務　劉漢舉

穿越中國五千年⑤：兩晉南北朝

歪歪兔童書館 ◎ 著繪

出版｜中華教育

香港北角英皇道 499 號北角工業大廈 1 樓 B 室
電話：(852) 2137 2338　傳真：(852) 2713 8202
電子郵件：info@chunghwabook.com.hk
網址：http://www.chunghwabook.com.hk

發行｜香港聯合書刊物流有限公司

香港新界荃灣德士古道 220-248 號荃灣工業中心 16 樓
電話：(852) 2150 2100　傳真：(852)2407 3062
電子郵件：info@suplogistics.com.hk

印刷｜泰業印刷有限公司

香港新界大埔工業邨大貴街 11 至 13 號

版次｜2024 年 3 月第 1 版第 1 次印刷

©2024 中華教育

規格｜16 開（230mm x 170mm）

ISBN｜978-988-8861-34-7